Hermann Glettler (Hg.)
Hörgott

Hermann Glettler (Hg.)

GEBETE IN DEN
KLANGFARBEN DES LEBENS

mit Zeichnungen von
Hans Salcher

Tyrolia-Verlag . Innsbruck – Wien

Dieses Gebetsbuch widme ich meinen Eltern,
von denen ich das Beten lernen konnte –
und allen Menschen, die mich durch ihr Vertrauen,
ihren Mut und ihre Gottoffenheit geprägt haben.

INHALT

DIE LIEBE ZÄHLT

Einer meiner guten Freunde hat zu beten begonnen. Der traurige Anlass war die überraschende Diagnose Bauchspeicheldrüsenkrebs. Was für ihn bisher selbstverständlich war, ist weggebrochen. Und dennoch, im Jahr bis zu seinem Tod hat sich sein Leben intensiviert. Das Alltägliche, jede Begegnung, jeder Therapieerfolg, jedes herzliche Wort, wurde von ihm als Geschenk wahrgenommen – und er begann zu beten. Ich habe ihm mein Lieblingsgebet mitgeteilt: *Jesus, ich vertraue auf Dich!* Er hat es ständig wiederholt. Auch andere Gebete, die ich ihm zukommen ließ. Das vorliegende Gebetsbuch ist in dieser Zeit entstanden. Es enthält nicht nur Jesus-Gebete, sondern viele weitere Dokumente des dankbaren, fröhlichen und auch verzweifelten Ringens mit Gott. In allen Klangfarben des Lebens. Die 14 Kapitel bilden die Palette dieser Farben ab. Sie reicht vom Lobpreis und der Anbetung Gottes bis hin zum zweifelnden Fragen.

Der Titel der vorliegenden Gebetssammlung ist Programm. Aus dem gefürchteten oder banalisierten *Herrgott* wurde ein *Hörgott* – das überraschende Resultat einer schlampigen Vokalverschiebung. Damit ändert sich sehr viel. Gott ist nicht mehr die unerreichbare Höchstinstanz, sondern jemand, der sich auf das Leben der Menschen einlässt. Der *Hörgott* ist der unendliche Resonanzraum für die unzähligen Stimmen dieser Welt, für die lauten und leisen. Er ist ganz Ohr. Keine menschliche Stimme ist ihm fremd. Auch nicht die verzweifelten Schreie seiner geschundenen Schöpfung. In diesem Buch nehmen deshalb die Bitt-Rufe aus persönlicher Not und das solidarische Beten um Frieden und Gerechtigkeit einen breiten Raum ein. Der wahrgenommene Herzschlag Gottes bewegt und verpflichtet letztlich jeden von uns – deshalb: *Hör Mensch!*

Vielleicht müsste man es zuerst anders sagen: *Mensch, hör auf! Nimm dir Zeit!* Das Gebet ist jedenfalls eine bewusste Unterbrechung, ein Stillwerden und Atemholen. Die vielen „Programme", die unsere Aufmerksamkeit in Beschlag nehmen, sind auf Dauer ermüdend. Vor allem haben sie nicht das Recht, uns in eine finale Erschöpfung zu treiben. Beten beginnt mit dem Auf-Hören und Hin-Hören. Gottes Wort ist entscheidend. Um es wirklich aufzunehmen, ist Stille gefragt – und das aufmerksame Schweigen vor allem Reden. Wer in dieser hörenden Weise zu beten beginnt, taucht in Gottes heilsame Gegenwart ein. Eine nahezu freundschaftliche Begegnung entsteht. In der Bibel wird von Mose berichtet, dass er mit Gott *wie mit einem Freund redete* (Ex 33,11). Viele Texte in dieser Sammlung laden dazu ein.

Neben der Freude gibt es aber auch eine Not mit dem Gebet – oft falsche Erwartungen und Unbeholfenheit: *Ich kann nicht beten!* Hinter dieser Feststellung verbirgt sich meist eine Enttäuschung, eine Sehnsucht oder beides zugleich. Die vielfältigen Stimmen in diesem Buch sind eine Ermutigung, das Gebet trotz allem von Neuem zu wagen – oder es zu vertiefen. Auch unfromme, zögerliche und zweifelnde „Gebete" wurden in die bunte Auswahl aufgenommen. Einige stammen sogar aus dem Gebetsschatz anderer Religionen. In jedem Fall kommt Gottes Heiliger Geist unserem bruchstückhaften Beten, unserem menschlichen Stammeln und Stottern jederzeit zuvor. Er bewahrt davor, dass das Beten ein oberflächliches Plappern wird oder ein steriles Aufsagen frommer Texte. Der Heilige Geist ist Gottes *Herzensenergie* – sie wird allen geschenkt, die sich danach sehnen. Letztlich zählen ja nicht Worte, sondern die Liebe.

Bischof Hermann Glettler

Worship now!

Lobpreis und Chillen
mit Gott

Das deutsche Wort *beten* kommt von *bitten*. Aber ist damit alles gesagt? Sind wir tatsächlich nur Bedürfnisbündel, deren Münder gestopft werden wollen? Ist das Leben nicht viel schöner, größer und überwältigender, – als es die banale Jammerei oft nahelegt? Und trotz aller Krisen und Katastrophen nicht auch herrlich? Ja, mit dem Staunen beginnt der Glaube, auch das Gebet. Lobpreis ist die ursprünglichste Form des Betens – es ist ein Mix aus Ergriffenheit und Dankbarkeit.

Mein Vater war Landwirt mit einem großen Betrieb und zugleich Lokführer. Diese enorme berufliche Doppelbelastung hat er mit erstaunlicher Leichtigkeit gemeistert. Sein Geheimnis? Er hat das Haus auf unserem entlegenen Hof kaum ohne ein fröhliches Lied verlassen – manchmal war es ein alter Schlager, oftmals ein origineller Jodler. Lebensbejahung pur! Unser Vater hat uns damit eine ungemein positive Einstellung mitgegeben – und ein dankbares Aufschauen zu Gott.

Lobpreis als Aufschauen? Ich denke an eine morgendliche Bergtour. Am Gipfel angelangt, wird hinter der Horizontlinie ein strahlender Feuerball sichtbar: *Kaum zu glauben! Wow!* Spontan rutscht es einem heraus: *Großartig! Lieber Gott, Dein Design!* Lobpreis richtet den Blick auf Gott hin, dessen Größe alles Begreifen übersteigt. Die Schöpfung sicher kein Zufall! *Worship* ist der zeitgemäße Begriff für Lobpreis – im englischsprachigen Raum mit eigenen Charts. Spirituell und chillig zugleich.

Vorbilder für einen echten Lobpreis sind Kinder, die ungeniert ihrer Begeisterung freien Lauf lassen. Wir sollten von ihnen lernen. Und Hand aufs Herz: Wer freut sich nicht über ein herzerfrischendes Lob? Einfach, ohne Absicht, jemandem etwas Schönes zusprechen: *Schön, dass wir uns sehen. Toll, dass du da bist!* Genau das hat Gott uns schon längst zugesagt, oftmals liebevoll ins Herz geflüstert: *Bin stolz auf dich!* Also: Chillen mit Gott!

DU STRÖMENDES DU

Wie Tau auf den Gräsern
liegst Du auf meinen Gedanken.
Wie ein Morgen breitest Du Dich aus
über meine Tiefen.
Wie ein Abend hüllst Du uns ein
in Dein Schweigen,
Du bleibendes Antlitz
hinter unseren flüchtigen Blicken,
Du strömendes Du hinter meiner Maske.
Du Ozean in den Augen der Guten,
Du Friede in den Händen der Liebenden,
Du reiches, fließendes,
unaufhaltsames, unerschöpfliches Du!
Du helles, Du dunkles Du!
Du überdachst mich mit dem Zelt Deines Alls.
Du birgst mich,
Du erziehst mich zur Weite.
Du strömendes Du!

Martin Gutl (1942–1994), Priester und
geistlicher Schriftsteller (Text leicht gekürzt)

HERRLICH IST DEIN NAME

HERR, unser Herr,
wie gewaltig ist dein Name auf der ganzen Erde,
der du deine Hoheit gebreitet hast über den Himmel.
Aus dem Mund der Kinder und Säuglinge
hast du ein Bollwerk errichtet
wegen deiner Gegner,
um zum Einhalten zu bringen Feind und Rächer.
Seh ich den Himmel, die Werke deiner Finger,
Mond und Sterne, die du befestigt.
Was ist der Mensch, dass du seiner gedenkst,
des Menschen Kind, dass du dich seiner annimmst?
Du hast ihn nur wenig geringer gemacht als Gott,
du hast ihn gekrönt mit Pracht und Herrlichkeit.
Du hast ihn als Herrscher eingesetzt
über die Werke deiner Hände,
alles hast du gelegt unter seine Füße:
Schafe und Rinder, sie alle
und auch die wilden Tiere,
die Vögel des Himmels und die Fische im Meer,
was auf den Pfaden der Meere dahinzieht.
HERR, unser Herr,
wie gewaltig ist dein Name auf der ganzen Erde!

Psalm 8,2–10

ICH LOBE MEINEN GOTT

Ich lobe meinen Gott,
der aus der Tiefe mich holt,
damit ich lebe.
Ich lobe meinen Gott,
der mir die Fesseln löst,
damit ich frei bin.
Ich lobe meinen Gott,
der mir den neuen Weg weist,
damit ich handle.
Ich lobe meinen Gott,
der mir mein Schweigen bricht,
damit ich rede.
Ich lobe meinen Gott,
der meine Tränen trocknet,
dass ich lache.
Ich lobe meinen Gott,
der meine Angst vertreibt,
damit ich atme.
Ehre sei Gott auf der Erde
in allen Straßen und Häusern,
die Menschen werden singen,
bis das Lied zum Himmel steigt:
Ehre sei Gott und den Menschen Frieden,
Frieden auf Erden.

Hans-Jürgen Netz (*1954),
deutscher Sozialpädagoge und Lieddichter

LOBPREIS GOTTES

Du bist der heilige Herr,
der alleinige Gott,
der du Wunderwerke vollbringst.
Du bist der Starke. Du bist der Große.
Du bist der Erhabenste.
Du bist allmächtig, du heiliger Vater,
König des Himmels und der Erde.
Du bist dreifaltig und einer,
Herr, Gott der Götter.
Du bist das Gute, jegliches Gut,
das höchste Gut,
der Herr, der lebendige und wahre Gott.
Du bist die Liebe, die Minne.
Du bist die Weisheit.
Du bist die Demut.
Du bist die Geduld.
Du bist die Schönheit.
Du bist die Milde.
Du bist die Sicherheit.
Du bist die Ruhe.
Du bist unsere Hoffnung.
Du bist die Freude und Fröhlichkeit.
Du bist die Gerechtigkeit und das Maß.
Du bist all unser Reichtum zur Genüge.
Du bist die Schönheit.
Du bist die Milde.
Du bist der Beschützer.
Du bist der Wächter und Verteidiger.

Du bist die Stärke.
Du bist die Zuflucht.
Du bist unsere Hoffnung.
Du bist unser Glaube.
Du bist unsere Liebe.
Du bist unsere ganze Wonne.
Du bist unser ewiges Leben:
großer und wunderbarer Herr,
allmächtiger Gott, barmherziger Retter.

Franz von Assisi (1181/2–1226),
Ordensgründer und Mystiker

DAS GROSSE HALLELUJA

Halleluja! Lobt Gott in seinem Heiligtum,
lobt ihn in seiner mächtigen Feste!
Lobt ihn wegen seiner machtvollen Taten,
lobt ihn nach der Fülle seiner Größe!
Lobt ihn mit dem Schall des Widderhorns,
lobt ihn mit Harfe und Leier!
Lobt ihn mit Trommel und Reigentanz,
lobt ihn mit Saiten und Flöte!
Lobt ihn mit tönenden Zimbeln,
lobt ihn mit schallenden Zimbeln!
Alles, was atmet, lobe den HERRN.
Halleluja!

Psalm 150

SCHÖPFER VON
RAUM UND ZEIT

Du Schöpfer von Raum und Zeit,
von Sternen und Atomen,
von Lebewesen und Menschen.
Lass uns begreifen,
dass Deine Herrlichkeit jedes Maß übersteigt.
Lass unser Staunen zur lobpreisenden
Bewunderung werden
und jedes Werk aus Deiner Hand zur Ahnung
noch größerer Herrlichkeit.
Bewahre uns vor der Sünde der Überheblichen
und vor falschem Stolz.
Lass uns mit Dankbarkeit
Deinem göttlichen Willen entsprechen
und lege Deine erbarmende Liebe
über all unser Vergehen.
Lass uns zur Ruhe kommen im Wissen,
einst vollendet zu werden in Dir.
Amen.

Unbekannter Physiker

WIE KÖSTLICH DEINE LIEBE

HERR,
deine Liebe reicht, so weit der Himmel ist,
deine Treue bis zu den Wolken.
Deine Gerechtigkeit steht wie die Berge Gottes,
deine Urteile sind tief wie die Urflut.
Du rettest Menschen und Tiere, HERR.
Wie köstlich ist deine Liebe, Gott!
Menschen bergen sich im Schatten deiner Flügel.
Sie laben sich am Reichtum deines Hauses;
du tränkst sie mit dem Strom deiner Wonnen.
Denn bei dir ist die Quelle des Lebens,
in deinem Licht schauen wir das Licht.
Erhalte denen, die dich kennen, deine Liebe
und deine Gerechtigkeit den Menschen
mit redlichem Herzen!

Psalm 36,6–11

SEI GEPRIESEN

Ewiger Gott,
Zuflucht und Hilfe all deiner Kinder,
wir preisen dich für alles,
was du uns gegeben hast,
für alles, was du für uns getan hast,
für alles, was du für uns bist.
In unserer Schwäche bist du unsere Kraft;
in unserer Finsternis bist du unser Licht;
in unserem Kummer bist du unser Trost
und unser Friede.
Wir können deine Gnade nicht messen.
Wir können deine Liebe nicht loten.
Sei gesegnet für all deinen Segen.
Lass uns so leben, als seien wir bei dir,
und die Dinge lieben, die du liebst,
und dir in unserem täglichen Leben dienen
durch Jesus Christus, unseren Herrn.
Amen.

Bonifatius (ca. 673–754),
angelsächsischer Mönch, Apostel Deutschlands

DER MICH ATMEN LÄSST

Der mich atmen lässt
bist du, lebendiger „GOTT"
Der mich leben lässt
bist du, lebendiger „GOTT"
Der mich schweigen lässt
bist du, lebendiger „GOTT"
Der mich reden lässt
bist du, lebendiger „GOTT"
Der mich warten lässt
bist du, lebendiger „GOTT"
Der mich handeln lässt
bist du, lebendiger „GOTT"
Der mich wachsen lässt
bist du, lebendiger „GOTT"
Der mich Mensch sein lässt
bist du, lebendiger „GOTT"
Der mich atmen lässt
bist du, lebendiger „GOTT"

Anton Rotzetter (1936–2016),
Schweizer Kapuziner und Schriftsteller

ICH ÜBERLASSE MICH DIR

Mein Vater,
ich überlasse mich dir,
mach mit mir, was dir gefällt.
Was du auch mit mir tun magst,
ich danke dir.
Zu allem bin ich bereit,
alles nehme ich an.
Wenn nur dein Wille sich an mir erfüllt
und an allen deinen Geschöpfen,
so ersehne ich weiter nichts, mein Gott.
In deine Hände lege ich meine Seele;
ich gebe sie dir, mein Gott,
mit der ganzen Liebe meines Herzens,
weil ich dich liebe
und weil diese Liebe mich treibt,
mich dir hinzugeben,
mich in deine Hände zu legen, ohne Maß,
mit deinem grenzenlosen Vertrauen;
denn du bist mein Vater.

Charles de Foucauld (1858–1916),
französischer Priester und Eremit in Algerien

HÄNGEMATTE

Wenn mir alles zu viel wird,
die überhitzten Erwartungen und News,
dann lege ich mich in deine Hängematte
und schau einfach zu – was Du tust.

Wenn mir alles zu laut wird,
die Empörungen, der Lärm, das Geschrei,
dann lege ich mich in deine Hängematte
und hör einfach zu – was Du sagst.

Wenn mir alles zu schwer wird,
die Sorgen, das Kämpfen, das Starksein,
dann lege ich mich in deine Hängematte
und staune, wie leicht es mir fällt – mit Dir.

Wenn mir alles zu blöd wird,
das Gezänk, der Streit, das dumme Gerede,
dann lege ich mich in deine Hängematte
und lass mich überraschen – von Dir.

Besser öfter durchhängen bei Dir – mein Gott,
auch wenn längst nicht alles okay ist.

Hermann Glettler (*1965),
Bischof von Innsbruck

IN DEINEN ARMEN GETANZT

Will einer ein guter Tänzer sein,
mit dir oder sonst wie,
darf er nicht wissen, wohin es führt.
Nur folgen muss man,
aufgelegt sein und schwerelos,
und vor allem sich nicht versteifen.
Man soll dir keine Erklärungen abverlangen
über die Schritte, die du zu tun beliebst,
sondern sein wie eine Verlängerung von dir,
behende und wendig, und durch dich hindurch
den Takt des Orchesters aufnehmen.
Und all das wären nur idiotische Schritte;
machte nicht die Musik daraus eine Harmonie.
Wir hingegen vergessen
die Musik deines Geistes
und machen aus unserem Leben eine Turnübung;
wir vergessen,
dass es in deinen Armen getanzt wird,
dass dein heiliger Wille
von unvorstellbarer Phantasie ist.

Madeleine Delbrel (1904–1964),
französische Sozialarbeiterin und Mystikerin

STAMMELN & STOTTERN

Herr, Du mein Gott,
hier bin ich,
mit meinen Ecken und Kanten,
mit meinen Wunden und Narben,
die ich Dir hinhalte.

Herr, Du mein Gott,
was sage ich Dir?
Du weißt ja, was mein Herz bewegt.
Ich kann nur stammeln,
ich kann nur stottern,
Bruchstücke,
die Du bereits kennst.

Herr, Du mein Gott,
dasein,
bei Dir sein,
Deine Nähe spüren,
bei Dir geborgen sein,
das tut so gut,
Herr, Du mein Gott.

Margit Rotter (*1959),
deutsche Autorin und Seelsorgerin

DU BIST DAS LEBEN

Du bist das Brot, das den Hunger stillt,
du bist der Wein, der die Krüge füllt.
Du bist das Leben, du bist das Leben,
du bist das Leben, Gott.

Du bist der Atem der Ewigkeit,
du bist der Weg in die neue Zeit.
Du bist das Leben, du bist das Leben,
du bist das Leben, Gott.

Du bist die Klage in Angst und Not,
du bist die Kraft, unser tägliches Brot.
Du bist das Leben, du bist das Leben,
du bist das Leben, Gott.

Du bist der Blick, der uns ganz durchdringt,
du bist das Licht, das uns Hoffnung bringt.
Du bist das Leben, du bist das Leben,
du bist das Leben, Gott.

Du bist das Ohr, das die Zukunft hört,
du bist der Schrei, der die Ruhe stört.
Du bist das Leben, du bist das Leben,
du bist das Leben, Gott.

Du bist das Kreuz, das die Welt erlöst,
du bist der Halt, der uns Mut einflößt.
Du bist das Leben, du bist das Leben,
du bist das Leben, Gott.

Du bist die Hand, die uns schützend nimmt,
du bist das Korn, das dem Tod entspringt,

Du bist das Leben, du bist das Leben,
du bist das Leben, Gott.

Du bist das Wort, das uns Antwort gibt,
du bist ein Gott, der uns Menschen liebt.
Du bist das Leben, du bist das Leben,
du bist das Leben, Gott.

Thomas Laubach (*1964),
deutscher Dichter und Theologe

DU IN MIR

Du kannst mich nicht vergessen,
ich sehr wohl.
Und wenn ich dich vergesse –
was tue ich mir damit an?
Es ist schrecklich, dich zu übersehen,
nicht mehr aus dir zu leben.
Du wohnst in mir.
Du wohnst in mir und füllst mich aus.
Ich sehe nach außen und übersehe dich drinnen.
So stoße ich auf Leere statt auf Fülle,
die immer für mich bereit ist.
Ich bitte dich,
schicke mir immerfort die Sehnsucht
– nach dir.

Michael Lehofer (*1965),
österreichischer Psychiater und Autor

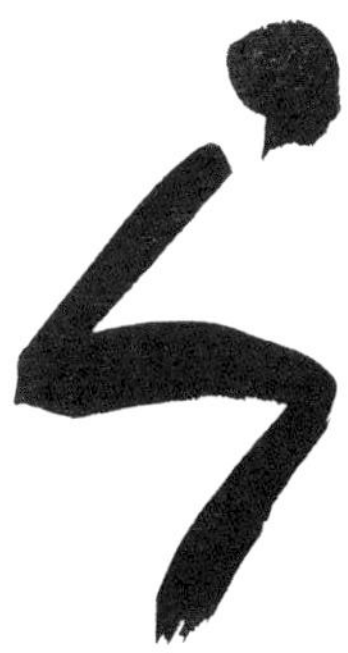

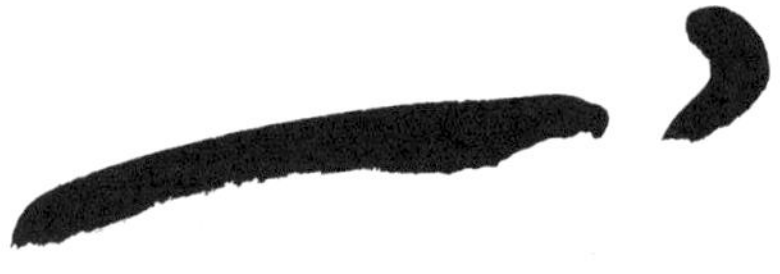

Morgens, zwischendurch und abends

Gebete zum Durchstarten und Runterkommen

Jeder hat seine persönlichen Morgenrituale. Vielleicht gehört auch ein wenig Gymnastik dazu, ein paar Übungen, um den Körper noch vor der Morgentoilette in Schwung zu bringen. Ein Tipp: Auch die Seele muss aufgeweckt werden, sie benötigt genauso ihren Frische-Impuls, vielleicht sogar ein paar Streicheleinheiten. Das morgendliche Gebet ist ein erstes Durchatmen, ein Dank für die Nacht und ein zuversichtlicher Blick auf alles, was kommen mag. Augen auf!

Ungefragt rollt meist ein Tsunami von Sorgen und Aufgaben daher: *Das ist zu tun, dies und jenes sofort!* Vorsicht! Zuerst einmal Vertrauen tanken. Das Gebet am Morgen ist eine Hilfe, um langsam, fast zärtlich in den Tag hineinzuschlüpfen. Das Gebet verbindet mit Gott. Jeder Augenblick ist ein Geschenk von ihm, auch jede herzliche Begegnung. Auch so manche Schwierigkeit wird im Gepäck des Tages dabei sein. Störungen gehören zum Leben.

Morgens sind ein paar fixe Gebete zum Durchstarten empfehlenswert, selbst wenn sich die volle Aufmerksamkeit erst nach dem Espresso einstellt. Abends ist ein gegenläufiges Programm angesagt: die offenen Dateien schließen und den inneren PC runterfahren. Die Computersprache ist uns vertraut, funktionieren wir doch ähnlich – exakt programmiert, streng getaktet, ständig *connected* und erreichbar. Umso wichtiger ist eine *Kultur des Aufhörens* – den Tag *sein lassen*!

Ob tagsüber zwischendurch oder vor der Nachtruhe – Momente der Stille sind heilsam. Einige der Gebete sind Hilfestellungen für den Tagesrückblick. Wichtig ist es, die positiven Erfahrungen bewusst zu benennen, um ihnen Raum zum dankbaren Nachklingen zu geben. Loslassen ist angesagt – und die Bruchstücke des Tages in Gottes Hände legen. Wenn nötig, auch um Verzeihung bitten. Mit dieser Voraussetzung können stille Wunder der Heilung geschehen – geborgen in Gott.

MACH MICH WACH!

Wirk mehr als zwei Energydrinks
Schieb die Sonne nach oben
Wisch den Schlaf aus meinen Augen,
damit ich sehe, wie schön du die Welt gemacht hast.
Lass die Energie neu durch meine Adern fließen
und mich die Welt erobern.
Amen.

Stephan Sigg (*1983), Schweizer Jugendbuchautor

IN DER FRÜHE DES TAGES

Gott, zu Dir rufe ich in der Frühe des Tages.
Hilf mir beten
und meine Gedanken sammeln zu Dir;
ich kann es nicht allein.
In mir ist es finster,
aber bei Dir ist das Licht;
ich bin einsam, aber Du verlässt mich nicht;
ich bin kleinmütig, aber bei Dir ist die Hilfe;
ich bin unruhig, aber bei Dir ist der Friede;
in mir ist Bitterkeit, aber bei Dir ist die Geduld;
ich verstehe Deine Wege nicht,
aber Du weißt den Weg für mich.

Dietrich Bonhoeffer (1906–1945), evangelischer Theologe
und Widerstandkämpfer

MORGENGEBET

Herr Jesus Christus,
im Schweigen dieses anbrechenden
Morgens komme ich zu dir
und bitte dich mit Demut und Vertrauen
um deinen Frieden, deine Weisheit, deine Kraft.

Gib, dass ich heute die Welt betrachte mit Augen,
die voller Liebe sind.
Lass mich begreifen, dass die Quelle allen Lebens
aus deinem Kreuz entspringt.
Lass mich meinen Nächsten
als den Menschen empfangen,
den du durch mich lieben willst.
Schenke mir die Bereitschaft,
ihm mit Hingabe zu dienen
und alles Gute, das du in ihn hineingelegt hast,
zu entfalten.

Meine Worte sollen Sanftmut ausstrahlen
und mein ganzes Verhalten soll Frieden stiften.
Nur jene Gedanken, die Segen verbreiten,
sollen in meinem Geist und Herzen bleiben.
Verschließe meine Ohren
vor jedem übelwollenden Wort
und jeder böswilligen Kritik.
Möge meine Zunge nur dazu dienen,
das Gute hervorzuheben.

Vor allem bewirke, o Herr,
dass ich voller Fröhlichkeit und Wohlwollen bin,
damit alle, die mir begegnen,
sowohl deine Gegenwart
als auch deine Liebe spüren.
Begleite mich mit dem Glanz deiner Güte
und deiner Schönheit,
damit im Laufe dieses Tages viele dich erkennen.

Mirjam von Abellin (1846–1878), palästinensische Karmelitin

LÄCHLE ÜBER MICH

Hundertfach heiliger Gott, starker und lächelnder –
denn du erschufst den Papagei,
die Blindschleiche, das gestreifte Zebra –
riefest ins Leben das Eichhörnchen und
die Flusspferde –
die Theologen kitzelst du mit
des Maikäfers Schnurrbart.
Heute, da es mir so traurig und schwül und düster
zumute ist –
lächle über mich.

Jan Twardowski (1951–2006), polnischer Priester und Lyriker

MITTAGSGEBET

Mitten am Tag
in den Himmel greifen
mit kurzen Armen
aber immerhin
ins Jenseits von Zeit Zweck und Ziel
ein flüchtiger Blick
immerhin

Mitten am Tag
das Andere gelten lassen
essen und nicht vergessen
wer es gemacht hat
lachen und beten
mit eiligem Mund
aber immerhin

Carola Moosbach (*1957), deutsche Schriftstellerin

SEGNE AUCH DIE SOSSE

Für Spaghetti lang und schlank,
sag ich meinem Schöpfer Dank.
Ebenso für die famose,
leckere Tomatensoße!

Günther Beck,
Autor und evangelischer Pfarrer

FÜR DIE TISCHGEMEINSCHAFT

Guter Gott, du bist der Gastgeber,
wir sind die Gäste –
segne uns und unsere Tischgemeinschaft!
Wir danken dir für alle Gaben und Speisen,
die wir immerfort aus deiner
gütigen Hand empfangen.
Segne sie und all jene, die sie zubereitet haben!
Amen.

Aus der Tradition

VOR DEM ESSEN

Hurra, hurra,
Essen ist da!

Mit Liebe gekocht,
knackig und frisch,
steht es vor uns auf dem Tisch.

Froh darüber sagen wir:
„Danke, lieber Gott, dafür",

und streicheln unseren Bauch.
Denn ohne Knurren geht es auch.

Petra Hillebrand (*1972),
österreichische Autorin und Sozialarbeiterin

TAG FÜR TAG

Guter Gott,
wir brauchen Nahrung,
um zu leben.

Wir brauchen Dein Wort,
um richtig zu leben.

Wir danken Dir,
dass Du uns beides gibst.

Wir alle leben von Güte und Liebe.
Tag für Tag. Amen.

Reinhard Abeln (*1938), deutscher Autor

GOTT BAUT AUF DICH

Weil Gott dich wollte, wie du bist –
sag ja zu dir

Weil Gott an dich glaubt –
glaube an dich selbst

Weil Gott dir vertraut –
vertrau auch du dir

Weil Gott mit dir rechnet –
zögere nicht

Weil Gott auf dich baut –
trau dir selbst etwas zu

Weil Gott dich geleitet –
brich auf

Klemens Nodewald (*1941),
deutscher Redemptorist und Schriftsteller

SINN FÜR HUMOR

Schenke mir eine gute Verdauung, Herr,
und auch etwas zum Verdauen.
Schenke mir Gesundheit des Leibes
mit dem nötigen Sinn dafür,
ihn möglichst gut zu erhalten.

Schenke mir eine heilige Seele, Herr,
die das im Auge behält, was gut ist und rein,
damit sie im Anblick der Sünde nicht erschrecke,
sondern das Mittel finde,
die Dinge wieder in Ordnung zu bringen.

Schenke mir eine Seele,
der die Langeweile fremd ist,
die kein Murren kennt
und kein Seufzen und Klagen,
und lass nicht zu,
dass ich mir allzu viele Sorgen mache
um dieses sich breit machende Etwas,
das sich „Ich" nennt.

Herr, schenke mir Sinn für Humor,
gib mir die Gnade, einen Scherz zu verstehen,
damit ich ein wenig Glück kenne im Leben
und anderen davon mitteile.

Thomas Morus (1478–1535),
englischer Staatsmann

GEBORGEN BEI DIR

Dankbar, mein Gott, komme ich zu dir.
In deine Hände lege ich meine unruhigen Gedanken,
meine Gefühle, mein Leben,
die Erfolge und Niederlagen dieses Tages.

Ich bitte dich für alle Menschen,
die den Tag im Streit beendet haben.
Zeige uns Wege zum Frieden und
heile die Wunden des heutigen Tages.

Ich bitte dich für alle, die jetzt arbeiten,
und für alle, die keinen Schlaf finden,
für die Kranken und Schwermütigen,
die Verlassenen und Gefangenen.

Du wachst, Gott, mit den Wachenden,
du bist der Schlaf der Schlafenden
und das Leben der Sterbenden.
Lass uns alle geborgen sein bei dir. Amen.

Martin Frank Riederer (*1959),
österreichischer Prämonstratenser

BLEIBE BEI UNS, HERR!

Bleibe bei uns, Herr;
denn es will Abend werden
und der Tag hat sich geneigt.
Bleibe bei uns
und bei deiner ganzen Kirche!
Bleibe bei uns am Abend des Tages,
am Abend des Lebens,
am Abend der Welt!
Bleibe bei uns mit deiner Gnade und Güte,
mit deinem heiligen Wort und Sakrament,
mit deinem Trost und Segen!
Bleibe bei uns, wenn über uns kommt
die Nacht der Trübsal und Angst,
die Nacht des Zweifels
und der Anfechtung,
die Nacht des bitteren Todes!
Bleibe bei uns
und bei allen deinen Gläubigen
in Zeit und Ewigkeit!

Georg Christian Dieffenbach (1822–1901),
deutscher Dichter und evangelischer Pfarrer

HIER BIN ICH

Gott, hier bin ich,
aber meine Gedanken sind noch bei mir
und bei diesem Tag.
Hier bin ich, Gott.
Und ich möchte so gerne ruhig werden,
aber noch ist Unruhe in mir.
Hier bin ich, Gott, und möchte gerne beten,
aber ich finde keine Worte.
Hier bin ich, Gott, und möchte auf dich hören,
aber in mir ist so viel Lärm.
Gott, hier bin ich mit meinem Leben,
mit meinem Tag, mit der Unruhe in mir,
mit meiner Sprachlosigkeit,
mit dem Lärm in mir, der die Ohren taub macht.
Du nimmst mich an, so wie ich bin.
Hier bin ich, Gott.

Andrea Schwarz (*1955),
deutsche Sozialpädagogin und Schriftstellerin

NIMM ALLES ZURÜCK

Alles Unfertige
   Nimm in Deine Hände, guter Gott
Alles Unausgesprochene
   Nimm in Deine Hände, guter Gott
Alles Verkehrte
   Nimm in Deine Hände, guter Gott
Alles Zerstörte
   Nimm in Deine Hände, guter Gott
Alles Verwundete
   Nimm in Deine Hände, guter Gott
Alle Konflikte
   Nimm in Deine Hände, guter Gott
Alle Sorge
   Nimm in Deine Hände, guter Gott
Alle Traurigkeit
   Nimm in Deine Hände, guter Gott
Alles, was falsch war an diesem Tag
   Nimm in Deine Hände, guter Gott

Nimm alles zurück, guter Gott
Das Gute und das Böse
Entbinde mich für ein paar Stunden
aller Verantwortung
und lass mich geborgen in Dir schlafen,
guter Gott

Anton Rotzetter (1936–2016),
Schweizer Kapuziner und Buchautor

GEBORGEN IN
DEINER GUTEN HAND

Herr, ich halte dir meine Hände hin,
alles, was sie heute in die Hand genommen haben,
alles, was mir gelungen und misslungen ist.
Ich halte dir die Menschen hin,
denen ich heute die Hand gereicht habe,
und die, denen ich sie verweigert habe.
Ich halte dir hin,
was ich geformt und gestaltet habe
und was mir aus der Hand geglitten ist.

Ich halte dir in meinen Händen diesen Tag hin,
so wie er war.
Ich verzichte darauf, zu beurteilen
und zu bewerten, was war.
Ich überlasse dir das Urteil.
Ich vertraue dir,
dass du alles verwandeln kannst,
was heute war.

Ich übergebe dir den Tag.
Manchmal hatte ich das Gefühl,
dass mir alles zwischen den Fingern zerrinnt,
dass der Tag nur Stückwerk war.
Füge du zusammen, was zerstückelt ist.

Ich lege meinen Tag und alles,
was ich heute in die Hand genommen habe,
in deine guten und zärtlichen Hände.
Amen.

Anselm Grün (*1945),
deutscher Benediktiner und Autor (Text gekürzt)

NACHTGEBET

Bevor des Tages Licht vergeht,
o Herr der Welt, hör dies Gebet.
Behüte uns in dieser Nacht
durch deine große Güt' und Macht.

Hüllt Schlaf die müden Glieder ein,
lass uns in dir geborgen sein
und mach am Morgen uns bereit
zum Lobe deiner Herrlichkeit.

Dank dir, o Vater, reich an Macht,
der über uns voll Güte wacht
und mit dem Sohn und Heil'gen Geist
des Lebens Fülle uns verheißt.

Hymnus der Komplet, 5. Jahrhundert

GANZ KURZ: DANKE!

Fest vorgenommen
vor dem Lichterlöschen kurz mit dir sprechen!
Aber jetzt? Wieder mal völlig k. o.,
total geschafft, zu ausgelaugt,
um noch einen klaren Gedanken zu fassen.
Sorry, dass ich zu müde bin, dir von meinem Tag zu
erzählen, dir zu danken, dich zu bitten,
dich zu fragen.
Deshalb ganz kurz: DANKE!
Und morgen mehr – ganz großes Ehrenwort!

Stephan Sigg (*1983),
Schweizer Jugendbuchautor

Herzlichen Dank dafür

Gebete, um aufmerksamer zu leben

―――――――――

Das Zauberwort für mehr Lebensqualität hat nichts an Strahlkraft verloren: *Danke!* Mit der Dankbarkeit kehrt Freude ins Leben zurück, eine gute Portion Entspannung und Fröhlichkeit. Menschen, die zu danken gelernt haben, strahlen eine größere Zufriedenheit aus. Dankbarkeit macht uns sensibel für das Viele, das nicht selbstverständlich ist. Wer nicht dankt, wird fordernder und nicht selten auch vorwurfsvoll. Flapsig formuliert: „Zu blöd, dass das Leben kein Wunschkonzert ist!"

Der bulgarisch-britische Schriftsteller Elias Canetti hat von sich erzählt, dass er selbst als Agnostiker immer öfter an Gott zu denken beginnt – vor allem dann, wenn er eine verlässliche Adresse für seine wachsende Lebens-Dankbarkeit sucht: „Mehr noch als für seine Not braucht man einen Gott für seinen Dank." Dankbarkeit ist der Königsweg zu Gott. Wer ihn entdeckt, wird Schritt für Schritt dem Ursprung und Ziel allen Lebens näherkommen. Und täglich über viele Alltags-Wunder staunen.

Not lehrt beten! Ja, das stimmt. Es ist nie zu spät, sich an Gott zu wenden. Dennoch ist die Not nur der Fluchtweg zu Gott. Wie in einem Gebäude kann er mit Gerümpel, alten Kränkungen und Enttäuschungen verstellt sein. Not kann auch zum Fluchen verführen. Es ist also nicht ratsam, auf die persönliche Katastrophe zu warten, um Gott von Herzen für das Leben zu danken. Die unfassbare Schönheit und Zerbrechlichkeit, die uns umgeben, legen es nahe.

Wer für die unzähligen Überraschungen des Lebens zu danken beginnt, wird aufmerksamer – und meist auch sensibler für wirkliches Unrecht. Darf es sein, dass unzählige Menschen weltweit Hunger leiden? Oder dass ein Drittel der Lebensmittel im Müll landet? Das Einüben von Dankbarkeit wäre ein erster Schritt. Sie unterbricht die heillose Forderung nach immer mehr – wirkt wie ein Heilmittel gegen Maßlosigkeit und Gier. Dankbarkeit ist der Königsweg!

ICH DANKE DIR

dafür, dass Du in unseren Köpfen nicht Platz hast,
denn sie sind zu logisch
dafür, dass Dich auch unsere Herzen nicht fassen,
denn sie sind zu nervös
dafür, dass Du so nahe bist und so fern
und in allem anders
dafür, dass Du schon entdeckt bist
und noch unentdeckt
dafür, dass wir flüchten von Dir zu Dir
dafür, dass wir nichts tun für Dich,
aber alles dank Dir
dafür, dass das, was ich nicht begreifen kann,
dennoch nie eine Illusion ist
dafür, dass Du schweigst.
Nur wir belesene Analphabeten sind
schnatternde Gänse.

Jan Twardowski (1951–2006), polnischer Priester und Lyriker

MIT DIR GEHEN

Ich möchte mit Dir, lieber Gott,
zwischen zwei Wäldern
auf schmalem Weg gehen.
Morgennebel, taunasses Gras,
und hinter den Bäumen
beginnt die Sonne zu leuchten.

Martin Gutl (1942–1994), geistlicher Schriftsteller und Priester

INNEHALTEN

Ich will mich unterbrechen lassen, Herr,
auf meinem eiligen Weg.
Ich will stehenbleiben, wenn Menschen spielen,
wenn Menschen lachen.
Ich will innehalten und zuschauen und mich
anstecken lassen vom Spiel und vom Lachen.

Ich will mich unterbrechen lassen, Herr,
in meiner eiligen Hast durch den Tag.
Ich will aufmerksam werden,
wenn Menschen trauern,
wenn sich in ihren Augen und ihren Worten
Verzweiflung ausdrückt.
Ich will ihnen meine Hand und meine Worte
und mein Herz zuwenden und mittrauern.

Ich will mich unterbrechen lassen, Herr,
in der fertigen Welt meiner Gedanken,
wenn mir neue, fremde Gedanken
über den Weg laufen.
Ich will mich ihnen stellen mit meinen
Gedanken, und Sorgfalt walten lassen,
wenn es um neue Gedanken geht.

Ich will mich unterbrechen lassen, Herr,
in meinen Worten,
will die ungewohnten Worte üben,
die, denen man noch zuhören kann,
weil sie noch nicht so verbraucht sind.

Ich will mich unterbrechen lassen, Herr,
von dir in den Menschen,
die lachen und spielen,
in den Menschen, die trauern und verzweifeln,
in fremden Gedanken und in Worten,
denen man noch zuhören kann.

Denn du bist die Ruhe mitten in meinem Tag,
mitten in meinem Leben,
von dir kommt das Lachen,
das mich mitlachen lässt,
von dir kommt die Trauer,
die mich innehalten lässt,
von dir kommen Gedanken,
die meine Gedanken beleben,
von dir kommen Worte,
die Menschen so reden lassen,
dass man ihnen wieder zuhören kann – von dir.

Klaus Bannach (1940–2012),
deutscher Priester

ERDE HEISST DER ORT

das trägt und wir nennen es erde,
auf der wir gehen

und stehen vertrauend
ohne zu zweifeln.

essen und trinken ist erde,
der gastliche stern, der tisch,

an dem satt werden
schakale und menschen.

erde heißt der ort
für samen und wurzeln,

die immer schwangere mutter,
erde, in der wir graben und holen

das brauchbare gut herauf
in die menschliche werkstatt.

gott.

so sind wir beschenkt,
reichlich, aus deinen händen,

alle tage geschieht es.
wir greifen und spüren

erde, in die wir gehören im leben, im tod,
erde, das rüstige fahrzeug ins weite.

Gottfried Bachl (1932–2020),
österreichischer Theologe und Autor

DANK AN DEN SCHÖPFER

Kommt, lasst uns jubeln dem HERRN,
jauchzen dem Fels unsres Heils!
Lasst uns mit Dank seinem Angesicht nahen,
ihm jauchzen mit Liedern!
Denn ein großer Gott ist der HERR,
ein großer König über allen Göttern.
In seiner Hand sind die Tiefen der Erde,
sein sind die Gipfel der Berge.
Sein ist das Meer, das er gemacht hat,
das trockene Land, das seine Hände gebildet.

Psalm 95,1–5

DANKE, ALLES WUNDERBAR

Im Zug, ich starre durch das regennasse Fenster,
die Landschaft eilt an mir vorbei,
wie gestern, wie morgen, wie übermorgen,
die ganze normale Alltäglichkeit, und doch,
auf einmal wieder ganz deutlich vor Augen:
die vielen Wunder, die du gemacht hast:
die Tropfen, die gegen die Scheiben prasseln,
die Bäume, die sich im Sturm biegen,
die Felder, die Wiesen, voller Farben,
die Wolken, die weiterziehen, um Platz zu machen,
für einen blauen Himmel, für die Sonne,
für einen neuen Tag.
Danke, dass du alles so wunderbar gemacht hast!

Stephan Sigg (*1983), Schweizer Jugendbuchautor

IN GOTTES ALLGEGENWART

Herr, du hast mich erforscht und kennst mich.
Ob ich sitze oder stehe, du kennst es.
Du durchschaust meine Gedanken von fern.
Ob ich gehe oder ruhe, du hast es gemessen.
Du bist vertraut mit all meinen Wegen.
Ja, noch nicht ist das Wort auf meiner Zunge,
siehe, Herr, da hast du es schon völlig erkannt.
Von hinten und von vorn hast du mich umschlossen,
hast auf mich deine Hand gelegt.
Zu wunderbar ist für mich dieses Wissen,
zu hoch, ich kann es nicht begreifen.
Wohin kann ich gehen vor deinem Geist,
wohin vor deinem Angesicht fliehen?
Wenn ich hinaufstiege zum Himmel – dort bist du;
wenn ich mich lagerte in der Unterwelt –
siehe, da bist du.
Nähme ich die Flügel des Morgenrots,
ließe ich mich nieder am Ende des Meeres,
auch dort würde deine Hand mich leiten
und deine Rechte mich ergreifen.
Würde ich sagen: Finsternis soll mich verschlingen
und das Licht um mich soll Nacht sein!
Auch die Finsternis ist nicht finster vor dir,
die Nacht leuchtet wie der Tag,
wie das Licht wird die Finsternis.
Du selbst hast mein Innerstes geschaffen,
hast mich gewoben im Schoß meiner Mutter.

Ich danke dir, dass ich so staunenswert
und wunderbar gestaltet bin.
Ich weiß es genau:
Wunderbar sind deine Werke.
Dir waren meine Glieder nicht verborgen,
als ich gemacht wurde im Verborgenen,
gewirkt in den Tiefen der Erde.
Als ich noch gestaltlos war, sahen mich bereits
deine Augen. In deinem Buch sind sie alle
verzeichnet: die Tage, die schon geformt waren,
als noch keiner von ihnen da war.
Wie kostbar sind mir deine Gedanken, Gott!
Wie gewaltig ist ihre Summe!
Wollte ich sie zählen,
sie sind zahlreicher als der Sand.
Ich erwache und noch immer bin ich bei dir.

Psalm 139,1–18

DEIN ANTLITZ IN UNS

Herr, gib uns die Unruhe des Herzens,
die dein Antlitz sucht.
Bewahre uns vor der Erblindung des Herzens,
das nur noch die Oberfläche der Dinge sieht.
Gib uns jene Lauterkeit und Reinheit, die uns
hellsichtig macht für deine Gegenwart in der Welt.
Gib uns den Mut zur demütigen Güte,
wo wir der großen Dinge nicht fähig sind.
Präge dein Antlitz in unsere Herzen ein,
damit wir dir begegnen und dein Bild
der Welt zu zeigen vermögen.

Papst Benedikt XVI. (1927–2022)

ALLE TAGE
MEINES LEBENS

Ich danke dir für alles,
was du in meinem Leben
von mir gewollt hast.

Sei gelobt für die Zeit,
in die ich geboren wurde.
Sei gepriesen für meine guten Stunden
und für meine bitteren Tage.
Sei gepriesen für alles,
was du mir versagt hast.

Herr, entlass
deinen störrischen und faulen Knecht
nie aus deinem Dienst.
Du hast Macht über mein Herz.
Behalte mich in deinem Dienst
alle Tage meines Lebens.

Karl Rahner (1904–1984), deutscher Jesuit

ERHALTE
MICH LIEBENSWERT

O Herr, Du weißt besser als ich,
dass ich von Tag zu Tag älter und
eines Tages alt sein werde.

Bewahre mich vor der Einbildung,
bei jeder Gelegenheit und zu jedem Thema
etwas sagen zu müssen.

Erlöse mich von der großen Leidenschaft,
die Angelegenheiten anderer ordnen zu wollen.

Lehre mich, nachdenklich, aber nicht grüblerisch,
hilfreich, aber nicht diktatorisch zu sein.

Bewahre mich vor der Aufzählung
endloser Einzelheiten
und verleihe mir Schwingen,
zur Pointe zu gelangen.

Lehre mich schweigen über meine
Krankheiten und Beschwerden.
Sie nehmen zu, und die Lust,
sie zu beschreiben,
wächst von Jahr zu Jahr.

Ich wage nicht, die Gabe zu erflehen,
mir die Krankheitsschilderungen anderer
mit Freude anzuhören,
aber lehre mich,
sie geduldig zu ertragen.

Lehre mich die wunderbare Weisheit,
dass ich mich irren kann.
Erhalte mich so liebenswert
wie möglich.

Lehre mich, an anderen Menschen
unerwartete Talente zu entdecken,
und verleihe mir, o Herr,
die schöne Gabe,
sie auch zu erwähnen.

Teresa von Ávila (1515–1582),
spanische Ordensgründerin und Mystikerin

HERR MEINER JAHRE

Herr meiner Stunden und meiner Jahre.
Du hast mir viel Zeit gegeben.
Sie liegt hinter mir
und sie liegt vor mir.
Sie war mein und sie wird mein,
und ich habe sie von dir.

Ich danke dir für jeden Schlag der Uhr
und für jeden Morgen, den ich sehe.
Ich bitte dich nicht, mir mehr Zeit zu geben.
Ich bitte dich aber um die Gelassenheit,
sie zu füllen, jede Stunde,
mit deinen Gedanken über mich.

Ich bitte dich um Sorgfalt,
dass ich meine Zeit nicht töte,
nicht vertreibe, nicht verderbe.
Segne du meinen Tag.

Jörg Zink (1922–2016),
evangelischer Theologe und Schriftsteller

GEBET FÜR UNSERE ERDE

Allmächtiger Gott,
der du in der Weite des Alls gegenwärtig bist
und im kleinsten deiner Geschöpfe,
der du alles, was existiert,
mit deiner Zärtlichkeit umschließt,
gieße uns die Kraft deiner Liebe ein,
damit wir das Leben und die Schönheit hüten.
Überflute uns mit Frieden,
damit wir als Brüder und Schwestern leben
und niemandem schaden.
Gott der Armen,
hilf uns, die Verlassenen und Vergessenen dieser
Erde, die so wertvoll sind in deinen Augen, zu retten.
Heile unser Leben,
damit wir Beschützer der Welt sind und nicht Räuber,
damit wir Schönheit säen
und nicht Verseuchung und Zerstörung.
Rühre die Herzen derer an, die nur Gewinn suchen
auf Kosten der Armen und der Erde.
Lehre uns,
den Wert von allen Dingen zu entdecken
und voll Bewunderung zu betrachten;
zu erkennen, dass wir zutiefst verbunden sind
mit allen Geschöpfen auf unserem Weg zu deinem
unendlichen Licht.
Danke, dass du alle Tage bei uns bist.
Ermutige uns bitte in unserem Kampf
für Gerechtigkeit, Liebe und Frieden.

Papst Franziskus (*1936)

*Herzlichen Dank dafür
Gebete, um aufmerksamer zu leben*

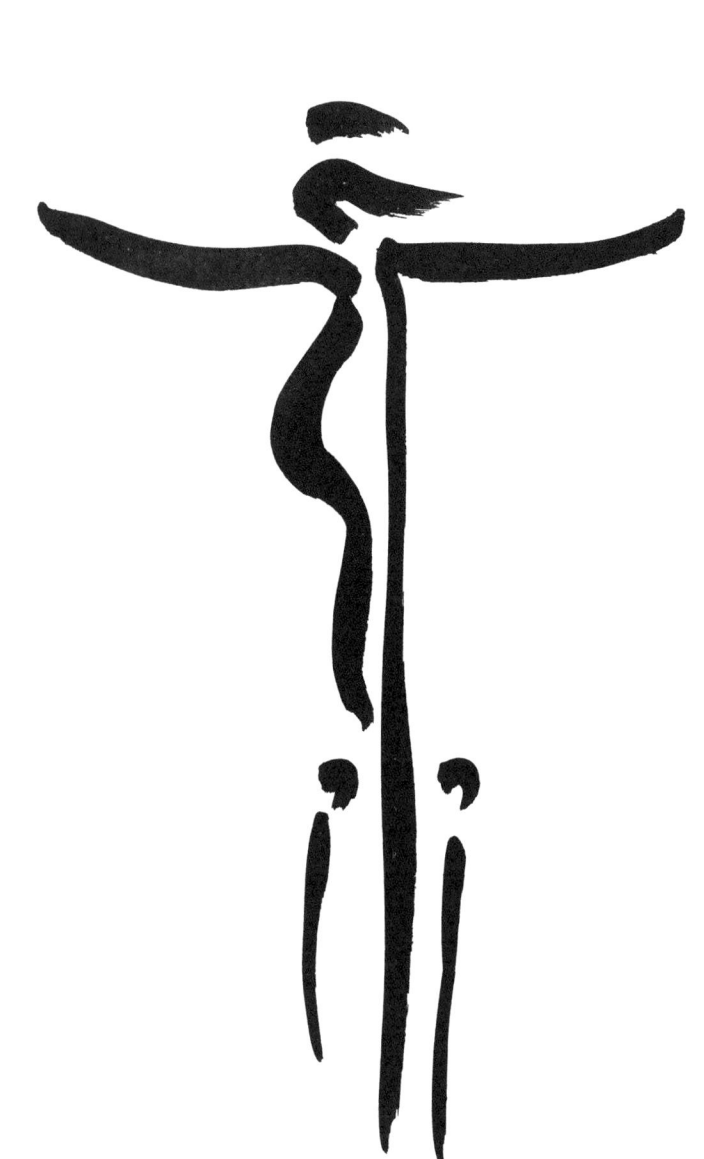

Die Mitte von allem

Jesus-Gebete,
in der Schule des Vertrauens

———————

Jesus, ich vertraue auf Dich! So lautet mein Lieblingsgebet, nicht nur weil es so kurz ist. Es steht auf meiner Hitliste ganz weit oben, weil es zur Mitte unseres Glaubens führt, die Jesus selbst ist. Er ist die Mitte zwischen Himmel und Erde, die Verbindung von Gott und Mensch. „Wer mich sieht, sieht den Vater!" (Joh 14,9) So antwortete Jesus auf die Frage des Apostels Philippus, wann er ihnen denn Gott zeigen würde. Jesus-Gebete öffnen den Himmel, zeigen das Herz Gottes.

Jesus-Gebete sind keine langwierigen Texte, sondern kurze Anrufungen oder Zusagen – ganz im Stil einer inneren Vergewisserung ohne viele Worte. Jesus-Gebete stärken die Beziehung und schaffen Vertrauen. Wenn ich das Kreuz betrachte, sehe ich, dass Jesus seine Arme für alle Menschen ausgebreitet hat. Als er auf schändlichste Weise hingerichtet wurde, hat er Versöhnung gestiftet. Sein Name steht für Frieden.

Jesus zog sich immer wieder in die Stille zurück, um mit Gott allein zu sein. Alle, die ihn dabei beobachteten, waren fasziniert. Die Jünger baten Jesus: „Herr, lehre uns beten!" Seine Antwort auf diese Bitte war das *Vaterunser* – ein Gebet, das uns in die persönliche Beziehung Jesu zu seinem Vater hineinnimmt. Ja, wir beten zusammen mit Jesus, mit ihm und durch ihn. Das hat Kraft und sammelt, gerade wenn man sich schwer konzentrieren kann oder vor großen Entscheidungen steht.

„Jesus is pure Love", Jesus ist reine Liebe! Diese Aussage stammt von einem iranischen Paar, das ich zur Taufe begleiten durfte. Sie haben sich für den christlichen Glauben entschieden, obwohl sie dafür von ihrer Herkunftsfamilie verstoßen wurden. Sie haben durch den christlichen Glauben eine vollkommen neue Perspektive für ihr Leben bekommen. Besonders berührt hat sie, dass Gott kein strafender Herrscher ist, sondern ein barmherziger Vater aller Menschen.

JESUS, ICH VERTRAUE AUF DICH

Jesus, ich vertraue auf Dich.
Jesus, I trust in you.
Jesus, j'ai confiance en toi.

Faustina Kowalska (1905–1938), polnische Ordensfrau und Mystikerin

ES WIRD BERICHTET

Es wird berichtet von einem Mann namens Jesus,
dass er mit den verhassten Samaritern sprach.
Es wird berichtet, dass er bei den Pharisäern aß.
Es wird berichtet, dass er nicht sparsam war
mit harten Worten,
wenn er die Pharisäer zur Rede stellte.
Es wird berichtet, dass er sich mit nicht
sehr ehrenhaften Leuten abgab.
Es wird berichtet, dass er Kranke heilte.
Es wird berichtet, dass er Händler aus
dem Tempel trieb.
Es wird berichtet, dass man ihn
einige Male töten wollte.
Es wird berichtet, dass er deswegen nicht
weniger offen redete.
Es wird berichtet, dass er gekreuzigt wurde.
Es wird berichtet, dass er seinen Feinden
am Kreuz verzieh.
Es wird berichtet, dass er lebt.

Martin Gutl (1942–1994), geistlicher Schriftsteller und Priester

JESUS IST DER HERR

Jesus Christus war Gott gleich,
hielt aber nicht daran fest, Gott gleich zu sein,
sondern er entäußerte sich und wurde wie
ein Sklave und den Menschen gleich.
Sein Leben war das eines Menschen;
er erniedrigte sich und war gehorsam bis zum Tod,
bis zum Tod am Kreuz.
Darum hat ihn Gott über alle erhöht
und ihm den Namen verliehen,
der größer ist
als alle Namen,
damit alle im Himmel,
auf der Erde und unter der Erde
ihr Knie beugen vor dem Namen Jesu
und jeder Mund bekennt:
Jesus Christus ist der Herr
zur Ehre Gottes, des Vaters.

Apostel Paulus an die Gemeinde in Philippi, Phil 2,6–11

CHRISTUS, ERLÖSER DES ALLS

Dankt dem Vater mit Freude!
Er hat euch fähig gemacht, Anteil zu haben
am Los der Heiligen, die im Licht sind.
Er hat uns der Macht der Finsternis entrissen
und aufgenommen in das Reich
seines geliebten Sohnes.
Durch ihn haben wir die Erlösung,
die Vergebung der Sünden.

Er ist Bild des unsichtbaren Gottes,
der Erstgeborene der ganzen Schöpfung.
Denn in ihm wurde alles erschaffen
im Himmel und auf Erden,
das Sichtbare und das Unsichtbare,
Throne und Herrschaften, Mächte und Gewalten.

Alles ist durch ihn und auf ihn hin erschaffen.

Er ist vor aller Schöpfung
und in ihm hat alles Bestand.
Er ist das Haupt, der Leib aber ist die Kirche.
Er ist der Ursprung, der Erstgeborene der Toten;
so hat er in allem den Vorrang.

Denn Gott wollte
mit seiner ganzen Fülle in ihm wohnen,
um durch ihn alles auf ihn hin zu versöhnen.
Alles im Himmel und auf Erden
wollte er zu Christus führen,
der Frieden gestiftet hat am Kreuz durch sein Blut.

Apostel Paulus an die Gemeinde in Kolossä, Kol 1,12–20

HEILIGE MICH

Seele Christi, heilige mich.
Leib Christi, erlöse mich.
Blut Christi, tränke mich.
Wasser der Seite Christi, wasche mich.
Leiden Christi, stärke mich.
O guter Jesus, erhöre mich.
Birg in deinen Wunden mich.
Von dir lass nimmer scheiden mich.
Vor dem bösen Feind beschütze mich.
In meiner Todesstunde rufe mich,
zu dir zu kommen heiße mich,
mit deinen Heiligen zu loben dich
in deinem Reiche ewiglich.
Amen.

Gebet aus dem 14. Jahrhundert

DEIN WORT

fällt herein in das Menschenleben,
geht im Labyrinth der Zeit
und isst
und trinkt
und ist laut und leise
und stirbt und lebt
– und heißt
Jesus.

Gottfried Bachl (1932–2020), österreichischer Theologe und Autor

JESUS, DU

Jesus, du Bruder aller Menschen

Jesus, du Sohn des lebendigen Gottes

Jesus, du Herr des Lebens

Jesus, du Mitte der Schöpfung

Jesus, du unser Heiland

Jesus, du unsere Hoffnung

Jesus, du unser Erlöser

Jesus, du Freund der Sünder

Jesus, du barmherziger Herr

Jesus, du Hilfe der Kranken

Jesus, du guter Hirte

Jesus, du Stifter des Friedens

Jesus, du Trost der Trauernden

Jesus, du Zuflucht der Verfolgten

Jesus, du Brot, von dem wir leben

Jesus, du Licht, durch das wir sehen

Jesus, du Weg, auf dem wir gehen

Jesus, du unsere Zuversicht

Jesus, du Kraft zum Neubeginn

Jesus, du Tür zum Leben

Litanei, Anrufungen frei ergänzbar

HERZ-JESU-GEBET

Heiligstes Herz Jesu,
du bist die verborgene
Mitte unseres Lebens,
der Kirche, der Heimat
und des Universums.
Lass die Kraft deiner Liebe
auch heute sichtbar werden –
in Gläubigkeit,
Menschlichkeit
und Solidarität
mit denen, die sie brauchen!
Lass aus dem Rot
deiner Liebe
das Grün
der Hoffnung blühen!

Reinhold Stecher (1921–2013),
Bischof von Innsbruck

HAND AUFS HERZ

hinschauen
auf das bild, die farben

in den blick nehmen
jesus, sein offenes herz

hören
den herzschlag, den takt

spüren
die wärme, die kraft

öffnen
das herz, den verstand

brennen
für gott, die menschen

folgen
jesus, seinem beispiel

handeln
helfen und heilen

Peter Jungmann (*1961),
österreichischer Journalist

ALLES GEHÖRT DIR

Herr, nimm an meine ganze Freiheit,
mein Gedächtnis, meinen Verstand
und meinen ganzen Willen.

Alles, was ich habe und besitze,
hast du mir gegeben;
dir gebe ich es zurück.

Alles gehört dir,
verfüge darüber nach deinem Willen.
Schenke mir deine Liebe und Gnade;
das genügt mir.

Ignatius von Loyola (1491–1556), Gründer des Jesuitenordens

MEIN ALLES, MEIN LEBEN

Jesus, mein einziges Ziel,
Jesus, mein einziger Meister,
Jesus, mein einziges Vorbild,
Jesus, mein einziger Führer,
Jesus, meine einzige Freude,
Jesus, mein einziger Reichtum,
Jesus, mein einziger Freund!
Sei von jetzt an mein Alles und mein Leben;
ich folge dir überall, wohin du gehst.

Bernadette Soubirous (1844–1879),
französische Ordensfrau

ENDLICH EINER

Denn mit Jesus war EINER da, der sagte:
Selig sind die Armen!
Und nicht: Wer Geld hat, ist glücklich.

Endlich EINER, der sagte:
Liebe deine Feinde!
Und nicht: Nieder mit dem Gegner!

Endlich EINER, der sagte:
Erste werden Letzte sein!
Und nicht: Es bleibt alles beim Alten!

Endlich EINER, der sagte:
Wer sein Leben einsetzt und verliert,
der wird es gewinnen!
Und nicht: Seid schön vorsichtig!

Endlich EINER, der sagte:
Ihr seid das Salz!
Und nicht: Ihr seid die Creme!

Endlich EINER, der starb, wie ER lebte.

Gebet aus der Nikolai-Kirche, Leipzig

JA,
ICH GLAUBE

Ja,
ich glaube daran,
dass die Welt und mein Leben
nicht aus dem Zufall stammen,
sondern aus der ewigen Vernunft
und der ewigen Liebe,
von Gott dem Allmächtigen geschaffen.

Ja,
ich glaube daran,
dass in Jesus Christus, in seiner Menschwerdung,
seinem Kreuz und seiner Auferstehung
sich das Gesicht Gottes gezeigt hat;
dass in ihm Gott da ist, mitten unter uns,
und uns zueinander, an unser Ziel,
zur ewigen Liebe, führt.

Ja,
ich glaube daran,
dass der Heilige Geist
uns das Wort der Wahrheit schenkt
und unser Herz erleuchtet;
dass in der Gemeinschaft der Kirche
wir alle mit dem Herrn ein Leib werden
und so auf die Auferstehung
und das ewige Leben zugehen.

Papst Benedikt XVI. (1927–2022)

CHRISTUS IST UNS ALLES

Du bist der Arzt, wenn ich eine Wunde heilen will.
Du bist die Quelle, wenn ich vom Fieber
ausgebrannt bin.
Du bist die Gerechtigkeit, wenn ich von der
Ungerechtigkeit unterdrückt werde.
Du bist die Kraft, wenn ich Hilfe brauche.
Du bist das Leben, wenn ich den Tod fürchte.
Du bist der Weg, wenn ich den Himmel ersehne.
Du bist das Licht, wenn ich in der Finsternis bin.
Kostet und seht, wie gut der Herr ist.
Selig, der Mensch, der auf dich hofft.

Ambrosius (339–397),
Bischof von Mailand, Kirchenlehrer

NUR UNSERE HÄNDE

Christus hat keine Hände, nur unsere Hände,
um seine Arbeit heute zu tun.
Er hat keine Füße, nur unsere Füße,
um Menschen auf seinen Weg zu führen.
Christus hat keine Lippen, nur unsere Lippen,
um den Menschen von ihm zu erzählen.

Gebet aus dem 14. Jahrhundert

AUFERSTANDENER CHRISTUS

Auferstandener Christus,
du begleitest jeden von uns,
wie ein Armer,
der sich nicht aufdrängt,
sich nicht gewaltsam
Eintritt verschafft in unser Herz.
Du bist da,
du schenkst dein Vertrauen,
du lässt niemanden im Stich,
selbst wenn aus der Tiefe
ein Schrei der Einsamkeit aufsteigt.
Um uns dir zu öffnen,
brauchen wir Heilung.
Um dich zu erkennen,
müssen wir es wagen,
uns immer wieder neu
für deine Nachfolge zu entscheiden.

Roger Schutz (1915–2005),
Gründer der Gemeinschaft von Taizé

JESUS UND UNSERE MASSSTÄBE

Du zerstörst unsere Maßstäbe.
Du verunsicherst uns.
Wir haben alles eingeteilt
in rechts und links,
in schwarz und weiß,
in gut und schlecht,
in gläubig und ungläubig,
in Mensch und Unmensch,
in Engel und Teufel.
Was fangen wir an
mit deinen Worten:
„Richtet nicht,
damit ihr nicht gerichtet werdet"?

Martin Gutl (1942–1994),
geistlicher Schriftsteller und Priester

DAS KREUZ DURCHKREUZT

Das Kreuz des Jesus Christus
durchkreuzt was ist
und macht alles neu

Was keiner wagt, das sollt ihr wagen
was keiner sagt, das sagt heraus
was keiner denkt, das wagt zu denken
was keiner anfängt, das führt aus

Wenn keiner ja sagt, sollt ihr's sagen
wenn keiner nein sagt, sagt doch nein
wenn alle zweifeln, wagt zu glauben
wenn alle mittun, steht allein

Wo alle loben, habt Bedenken
wo alle spotten, spottet nicht
wo alle geizen, wagt zu schenken
wo alles dunkel ist, macht Licht

Das Kreuz des Jesus Christus
durchkreuzt was ist
und macht alles neu

Lothar Zenetti (1926–2019),
deutscher Priester und Autor

DAS KONNTE ER

mit jedem stück brot
das er teilte
sich selbst schenken
weil er glaubte und liebte
weil er gemeinschaft
mit menschen suchte
weil er sein leben
in ihnen wiederfand
weil er ICH-BIN
sagen konnte
weil er mit uns
weinte und feierte
mit tränen in den augen

weil er einer von uns wurde
weil er sich nicht
vor uns schützte
weil er bruder wurde
und das keine lüge war

das kann er immer noch:
unsere tränenspur ins licht führen
und mit uns auferstehen ins leben
ins unzerstörbare

Wilhelm Bruners (*1940),
deutscher Lyriker und Priester

Mehr Herzfeuer!

Gottes Geist und Energie tanken

———————

Wir müssen täglich neu lernen, mit Energie sorgfältig um-
zugehen. Ohne Energie kein Leben. Ebenso gewissenhaft
müssen wir auf den inneren Energiehaushalt achten – es
geht zu schnell, dass Menschen ausgelaugt, ausgepow-
ert oder ausgebrannt sind. Wir brauchen viel Geist, viel
Herzensenergie, um die alltäglichen Aufgaben zu schaffen
und den großen Herausforderungen gerecht zu werden. Die
Bitte um den Geist Gottes ist wie ein Atemholen, wie ein
Energie-Tanken: Immer not-wendend und erfrischend.

Und diese andere Energie fließt. Gott schenkt seinen Heiligen Geist unerhört großzügig. Er schüttet das Feuer seiner
Liebe über alle aus, die sich dafür öffnen. Angesichts der
vielen Kälteströmungen unserer Zeit brauchen wir dringen-
der denn je diese positive Energie. Das Feuer Gottes reinigt
von falschen Egoismen und befähigt zur Begegnung. Wenn
es erlischt, wird der Glaube leer und das Gebet zum Aufsagen frommer Formeln.

Wer sich mit Gottes Herzensenergie „auftankt" – und dazu
dienen die folgenden Gebete –, wird selbst zur Energie-
Quelle für andere. Mutige machen Mut. Begeisterte können
begeistern. Geistvolle Menschen bauen Gemeinschaft auf,
stiften Einheit. Der Heilige Geist wirkt höchstpersönlich,
verwandelt Menschen und schenkt neuen Lebensmut. Als
die Apostel Paulus und Silas im Gefängnis beteten, begann
das ganze Haus zu beben und die Kerkertüren sprangen auf
(Apg 16,25f.).

Diese biblische Erzählung ist ein starkes Bild für die be-
freiende Kraft des Heiligen Geistes. Türen öffnen sich. Eine
neue Freiheit ist da. Neue Lebensperspektiven. Menschen
können einander vergeben. Der Geist Gottes kann aus vielen Gefängnissen befreien – aus Süchten, Abhängigkeiten,
falscher Traurigkeit und Verzweiflung. Wer sich auf den
Geist Gottes einlässt, ihn täglich erbittet, wird viele Wunder
erleben und inmitten einer nervösen Zeit einen tiefen Frieden finden.

ICH GLAUBE
AN DEN HEILIGEN GEIST

Ich glaube an den Heiligen Geist.
Ich glaube, dass Gottes Geist
meine Vorurteile abbauen kann.
Ich glaube, dass er
meine Gewohnheiten ändern kann.
Ich glaube, dass er
meine Gleichgültigkeit überwinden kann.
Ich glaube, dass er mir
Phantasie zur Liebe geben kann.
Ich glaube, dass er mir
Warnung vor dem Bösen geben kann.
Ich glaube, dass er mir
Mut für das Gute geben kann.
Ich glaube, dass er
meine Traurigkeit besiegen kann.
Ich glaube, dass er mir
Liebe zu Gottes Wort geben kann.
Ich glaube, dass er
mir Minderwertigkeitsgefühle nehmen kann.
Ich glaube, dass er mir
Kraft in meinem Leiden geben kann.
Ich glaube, dass er mir
wichtige Menschen an die Seite stellen kann.
Ich glaube, dass er
mein Wesen durchdringen kann.
Ich glaube, dass er mir
wirklichen Frieden geben kann.
Ich glaube an den Heiligen Geist.

Karl Rahner (1904–1984), deutscher Jesuit

ÖFFNE MICH, HEILIGER GEIST

Öffne meine Ohren, Heiliger Geist,
damit ich deine Botschaft höre.
Öffne meine Augen, Heiliger Geist,
damit ich die Schönheit der Schöpfung sehe.
Öffne meinen Geist, Heiliger Geist,
damit ich deine Botschaft glaube.
Öffne meinen Mund, Heiliger Geist,
damit ich von deiner Herrlichkeit Zeugnis gebe.
Öffne meine Hände, Heiliger Geist,
damit ich deine Hilfe fasse.
Öffne mein Gemüt, Heiliger Geist,
damit ich deine Nähe liebe.
Öffne meine Lippen, Heiliger Geist,
damit ich dein Lob verkünde.
Öffne mein Herz, Heiliger Geist,
damit ich deine Liebe spüre.

Richard Thalmann (1915-2002),
Schweizer Priester

STURMWIND
DES GEISTES

Komm,
Sturmwind des Geistes,
zerbrich die selbstgemachten Häuser,
die uns doch nicht bergen können.
Führ uns hinaus aus unsern Kerkern,
beheimate uns
im ewigen Haus!

Komm,
Sturmwind des Geistes,
bring zum Erlöschen die künstlichen Lichter,
die uns erblinden ließen für das wahre Licht.
Gib uns
den klaren Blick!

Komm,
Sturmwind des Geistes,
überflute die Dämme, mit denen wir
uns abgesichert haben
gegen den Einbruch des Himmels.
Befreie uns aus unsren Wüsten!

Antje Sabine Naegeli (*1948),
Psychotherapeutin und Theologin

ICH-BIN-DA – FÜR DICH

Gott spricht zu dir:
In das Schwere von gestern
und in das Ungewisse von morgen
sage ich dir: Ich bin da.

In der Sorge für andere
und in den Schmerz deines Versagens
sage ich dir: Ich bin da.

In das Spiel der Gefühle
und in die Trauer der Enttäuschungen
sage ich dir: Ich bin da.

In das Glück der Beziehungen
und in die Langeweile des Betens
sage ich dir: Ich bin da.

In die Gewöhnlichkeit des Alltags
und in die Weite der Träume
sage ich dir: Ich bin da.

In die Gesundheit und Krankheit
und in die Ängste und Hoffnungen
sage ich dir: Ich bin da.

In deiner Sehnsucht nach mehr,
in deine Suche nach Sinn
sage ich dir: Ich bin da.

In deine letzte Stunde,
in den letzten Schlag deines Herzens,
in deinen letzten Atemzug
sage ich dir: Ich bin da.

Roland Breitenbach (1935–2020), deutscher Schriftsteller und Priester

ATME IN MIR

Atme in mir, du Heiliger Geist,
dass ich Heiliges denke.
Treibe mich, du Heiliger Geist,
dass ich Heiliges tue.
Locke mich, du Heiliger Geist,
dass ich Heiliges liebe.
Stärke mich, du Heiliger Geist,
dass ich Heiliges hüte.
Hüte mich, du Heiliger Geist,
dass ich das Heilige nimmer verliere.

Augustinus von Hippo (354–430).
Bischof (ihm zugeschrieben)

ZUKUNFTS-GEIST

Wehe uns, wenn der Himmel Ernst macht
und Feuer und glühende Kohlen auf uns
regnen lässt. Wenn unser Atem stockt,
weil Gottes Feueratem über uns kommt.
Wenn wir aus unseren Nestern geworfen
flügge werden, ob wir wollen oder nicht.
Wenn unser Sturzflug in eine Welt beginnt,
die uns dringend braucht.

Selig sind wir, wenn alles Tote
in Gottes Feuer-Geist verbrennt,
damit unsre Zukunft eine
lebendige Chance hat.

Wilhelm Bruners (*1940), deutscher Lyriker und Priester

SALZ DER ERDE

Nicht
ihr sollt planen
ihr sollt euch mühen
ihr sollt danach streben
ihr sollt es erschleichen
ihr sollt darum betteln
sagt er
nein
keineswegs

ihr seid
das Salz der Erde
ihr seid
das Licht der Welt
ihr seid

das ist deutlich
da liegt ein Anfang
zwischen den Zeilen
kein vielleicht oder eventuell
vielmehr
klare Worte einer Bestimmung –

Gott traut uns viel zu
uns
jedem einzelnen Salzkorn
seines großen Universums.

Ana Schoretits (*1952),
österreichische Schriftstellerin und Journalistin

GOTTES HERZSCHLAG KENNEN

Wie gerne würde ich deinen Herzschlag kennen,
deinen Herzschlag für alle,
die ihr Leben auf dich setzen,
und für jene, denen du fern zu sein scheinst.
Deinen Herzschlag für alle,
die dich trotzdem suchen, mit dir ringen,
für die Vergessenen und Nicht-Geliebten.

Wie gerne würde ich deinen Herzschlag kennen,
für meine Nachbarn,
für die Verkäuferin im Lebensmittelgeschäft.
Deinen Herzschlag für den Friseur
und für die vielen Menschen in der U-Bahn.
Für meine Geschwister im Glauben und für alle,
die ganz anders denken.
Für meine liebe Frau, meine Kinder
und deren Freunde.

Wie gerne würde ich deinen Herzschlag kennen,
und deinen Blick in die Gesichter
der vielen auf den Straßen dieser Zeit.
Deinen Herzschlag für die Angstvollen,
Verwundeten und Einsamen,
für jene, die um ihre Kinder und Partner weinen
in den Kriegen dieser Tage,
für die Verzweifelten und die vielen Helfenden.

Mein Gott, wo auch immer dein Herzschlag ist,
nimm mich mit, überallhin und immerfort
– zu allen Menschen.

Otto Neubauer (*1965),
katholischer Theologe, Gemeinschaft Emmanuel

VENI SANCTE SPIRITUS

Komm herab, o Heiliger Geist,
der die finstre Nacht zerreißt,
strahle Licht in diese Welt.

Komm, der alle Armen liebt,
komm, der gute Gaben gibt,
komm, der jedes Herz erhellt.

Höchster Tröster in der Zeit,
Gast, der Herz und Sinn erfreut,
köstlich Labsal in der Not.

In der Unrast schenkst du Ruh,
hauchst in Hitze Kühlung zu,
spendest Trost in Leid und Tod.

Komm, o du glückselig Licht,
fülle Herz und Angesicht,
dring bis auf der Seele Grund.

Ohne dein lebendig Wehn
kann im Menschen nichts bestehn,
kann nichts heil sein noch gesund.

Was befleckt ist, wasche rein,
Dürrem gieße Leben ein,
heile du, wo Krankheit quält.

Wärme du, was kalt und hart,
löse, was in sich erstarrt,
lenke, was den Weg verfehlt.

Gib dem Volk, das dir vertraut,
das auf deine Hilfe baut,
deine Gaben zum Geleit.

Lass es in der Zeit bestehn,
deines Heils Vollendung sehn
und der Freuden Ewigkeit.
Amen. Halleluja

Stephen Langton (1150-1228), Erzbischof von Canterbury

PFINGST-NOVENE 1937

Wer bist Du, Licht, das mich erfüllt
und meines Herzens Dunkelheit erleuchtet?
Du leitest mich gleich einer Mutter Hand,
ließest Du mich los,
so wüsste keinen Schritt ich mehr zu gehen.

Du bist der Raum,
der rund mein Sein umschließt und in sich birgt,
aus Dir entlassen sänk' es
in den Abgrund des Nichts,
aus dem Du es zum Sein erhobst.

Du, näher mir als ich mir selbst
und innerlicher als mein Innerstes –
und doch ungreifbar und unfassbar
und jeden Namen sprengend:
Heiliger Geist – Ewige Liebe.

Edith Stein (1891–1942), Philosophin, Karmelitin, NS-Märtyrerin

GEIST DER DEMUT

Gib mir den Geist der Demut,
damit ich bejahen kann,
wenn ich verachtet werde.

Lass mich frei sein
von menschlichem Lob
und von Selbstgefälligkeit.

Lehre mich,
jenen dankbar zu sein,
die mir lästig sind,
und für die zu beten,
die mich verächtlich behandeln.

Gib mir die Gnade,
dass ich umgestaltet werde in dich,
den gekreuzigten Herrn,
der so viel Verachtung erfahren hat.

Damian Deveuster (1840–1889),
belgischer Missionar für Leprakranke

OHNE ZU LÜGEN

Schaffe in mir gott ein neues herz
das alte gehorcht der gewohnheit
schaff mir neue augen
die alten sind behext vom erfolg
schaff mir neue ohren
die alten registrieren nur unglück
und eine neue liebe zu den bäumen
statt der voller trauer
eine neue zunge gib mir
statt der von der angst geknebelten
eine neue sprache gib mir
statt der gewaltverseuchten
die ich gut beherrsche
mein herz erstickt an der ohnmacht
aller die deine fremdlinge lieben
schaffe in mir gott ein neues herz

Und gib mir einen neuen geist
dass ich dich loben kann
ohne zu lügen
mit tränen in den augen
wenns denn sein muss
aber ohne zu lügen

Dorothee Sölle (1929–2003),
deutsche Schriftstellerin und evangelische Theologin

GIB MIR
DIE FREIHEIT

Guter Gott,
gib mir den Mut,
für einen neuen Himmel
und eine neue Erde
zu leben und zu arbeiten wie Jesus.
Gib mir die Freiheit,
Kritik zu üben,
wo ich Böses sehe,
und Lob zu spenden,
wo Gutes geschieht.
Doch vor allem lass mich
treu zu der Vision stehen,
die du mir zuteilwerden ließest,
damit ich an jedem Ort,
an den ich komme,
und jedem Menschen, dem ich begegne,
ein Zeichen deiner alles
erneuernden Liebe sein kann.

Amen.

Henri J. M. Nouwen (1932 – 1996),
niederländischer Priester und Psychologe

JEDE*R EIN WORT GOTTES ODER HÖR HIN

es gibt ein rufen in dir
es gibt ein rufen in der welt – nach dir
es gibt ein rufen das gehört werden will

denn wir sind alle gerufen
berufene
wir sind frei gerufene

dafür braucht es ein hinhören und fühlen
ein ankommen inmitten uns
um mit uns in der welt zu sein

damit wir
   die zugerufenen
   worte
   die rufenden erkennen
damit sie
   nicht aus versehen verschluckt
   wieder und wieder
   hinuntergeschluckt werden
damit wir
   als lebendiges wort
   ganz
   als gerufene leben

Siljarosa Schletterer (*1991),
österreichische Lyrikerin

Ganz leise, um zu hören

Gedichte, Psalmen und Bibeltexte

Gebet ist zuerst Stille, nicht eigenes Tun – zuerst Hinhören und Sich-Beschenken-Lassen. Diese Vorbemerkung ist wichtig, weil wir in unserer Gesellschaft auf Leistung und Effizienz eingestellt sind, selbst noch in der Freizeit. Wirkliches Gebet ist eine Unterbrechung. Wer betet, macht sich für einen Besuch bereit, stellt alles Überflüssige zurück. Und tatsächlich: Gott spricht zu uns, manchmal sehr laut, meist aber flüstert er uns ins Herz. Gebet ist zuerst Hören, Hinhören.

Es ist Gottes Art, seine Höflichkeit, uns nicht mit der Wucht seiner Botschaft zu erdrücken. Wer seine Nähe zulässt und zu hören bereit ist, wird innerlich angesprochen. Ein Dialog beginnt. Ganz deutlich spricht Gott zu uns in den Texten der Bibel. Die jüdische und christliche Heilige Schrift ist voll von Zwiegesprächen mit Gott, Erfahrungen gläubiger Menschen, die ihr Leben lang mit Gott gerungen haben. Die besten Gebete sind dabei entstanden – und sind auch nach tausenden Jahren noch frisch.

Gute Gebete gleichen den Wurzeln starker Bäume, sie geben Halt und speisen sich aus dem Urquell des Lebens. Besonders zu erwähnen sind die Psalmen. Diese uralten jüdischen Gebete sind sympathisch offen für alle Lebenserfahrungen – für Liebe und Verlassenheit, für Freude und Trauer, Zugehörigkeit und Einsamkeit, Erfolge und Ängste. Im wahrnehmenden, hörenden Gebet hat das Leben in seiner Fülle Platz – von der Empfängnis bis zum Tod.

Beten verwandelt. Nicht auf Knopfdruck, sondern mit der täglichen Praxis. Für alle, die es probieren möchten, empfehle ich 10 Minuten pro Tag. Hauptsächlich still werden. Als Einstieg ein Lieblingsgebet auswählen. Hilfreich kann ein kurzer Text aus der Bibel sein – „hörend" lesen und eine persönliche Antwort versuchen. Gott selbst ist am Werk. In der exklusiven Zeit mit ihm formt er unser Herz. Wer betet, wird zum Segen für viele.

IN DER STILLE

Immerfort empfange ich mich aus Deiner Hand.
So ist es und so soll es sein.
Das ist meine Wahrheit und meine Freude.
Immerfort blickt Dein Auge mich an,
und ich lebe aus Deinem Blick,
Du mein Schöpfer und mein Heil.
Lehre mich, in der Stille Deiner Gegenwart
das Geheimnis zu verstehen, dass ich bin.
Und dass ich bin durch Dich und vor Dir
und für Dich. Amen.

Romano Guardini (1885–1968),
italienisch-deutscher Religionsphilosoph und Priester

EINE ANTWORT

Als mein Gebet immer andächtiger
und innerlicher wurde,
da hatte ich immer weniger
und weniger zu sagen.
Und zuletzt wurde ich ganz still.

Søren Kierkegaard (1813–1855),
dänischer Philosoph

SEHNSUCHT NACH GOTT

Gott, mein Gott bist du, dich suche ich,
es dürstet nach dir meine Seele.
Nach dir schmachtet mein Fleisch
wie dürres, lechzendes Land ohne Wasser.

Darum halte ich Ausschau nach dir im Heiligtum,
zu sehen deine Macht und Herrlichkeit.

Denn deine Huld ist besser als das Leben.
Meine Lippen werden dich rühmen.
So preise ich dich in meinem Leben,
in deinem Namen erhebe ich meine Hände.

Ja, du wurdest meine Hilfe,
ich juble im Schatten deiner Flügel.
Meine Seele hängt an dir,
fest hält mich deine Rechte.

Psalm 63,2–5.8–9

DAS LEBEN

Das Leben ist eine Chance, nutze sie.
Das Leben ist Schönheit, bewundere sie.
Das Leben ist Seligkeit, genieße sie.
Das Leben ist ein Traum, verwirkliche ihn.
Das Leben ist eine Herausforderung, stelle dich ihr.
Das Leben ist Pflicht, erfülle sie.
Das Leben ist ein Spiel, spiele es.
Das Leben ist kostbar, geh sorgsam damit um.
Das Leben ist Fülle, öffne dich ihr.
Das Leben ist Liebe, erfreue dich an ihr.
Das Leben ist ein Rätsel, durchdringe es.
Das Leben ist ein Versprechen, erfülle es.
Das Leben ist Traurigkeit, fühle sie.
Das Leben ist eine Hymne, singe sie.
Das Leben ist auch Kampf, kämpfe ihn.
Das Leben ist eine Tragödie, ringe mit ihr.
Das Leben ist ein Abenteuer, wage es.
Das Leben ist Angst, gehe durch sie hindurch.
Das Leben ist Glück, empfange es.
Das Leben ist das Leben, verteidige es.

Quelle unbekannt

SO BIST DU MIT UNS

wie der bauch der mutter,
wie das fell der schnurrenden katze

tust du uns wohl mit der sonne.
sie heizt das kosmische haus.

die wärme der augen,
die du auf uns richtest

wie die hand eines freundes
am gefährlichen berg,

wie der julisonntag,
im nest der schwalbe,

wie in den schneestiefeln
die zehen sich erholen,

wie das licht im gesicht der kinder,
wenn die schule aus ist,

wie auf der haut rinnt
das milde wasser des bades,

wie der wachsende mond
am abend den garten beleuchtet,

so bist du mit uns, in den adern,
du weisheit, du mutter, du gott.

Gottfried Bachl (1932–2020),
österreichischer Theologe und Autor

GOTTGESPRÄCH

wir saßen auf der terrasse des cafés
er verrührte langsam den zucker
steilschwarz der dom uns gegenüber

wenn ich gott denke, sagte er
fällt mir die klofrau ein
im untergeschoss
denke ich an das kurze gespräch
an ihre wachen augen

da blickte mich doch gott an
sagte er

oder

Wilhelm Bruners (*1940), deutscher Lyriker und Priester

STILLE UND GEBET

Die Frucht der Stille ist das Gebet.
Die Frucht des Gebets ist der Glaube.
Die Frucht des Glaubens ist die Liebe.
Die Frucht der Liebe ist das Dienen.
Die Frucht des Dienens ist der Friede.

Mutter Teresa (1910–1997),
Ordensgründerin, Friedensnobelpreisträgerin

WO LIEBE IST
UND WEISHEIT

Wo Liebe ist und Weisheit,
da ist nicht Furcht noch Unwissenheit.
Wo Geduld ist und Demut,
da ist nicht Zorn noch Verwirrung.
Wo Armut ist mit Fröhlichkeit,
da ist nicht Habsucht noch Geiz.
Wo Ruhe ist und Betrachtung,
da ist nicht Aufregung
noch unsteter Geist.
Wo die Furcht des Herrn ist,
sein Haus zu bewachen,
da kann der Feind keinen Ort
zum Eindringen finden.
Wo Erbarmen ist und Besonnenheit,
da ist nicht Übermaß
noch Verhärtung.

Franz von Assisi (1181/2–1226),
Ordensgründer und Mystiker

DIE SELIGPREISUNGEN JESU

Selig, die arm sind vor Gott;
denn ihnen gehört das Himmelreich.
Selig die Trauernden;
denn sie werden getröstet werden.
Selig die Sanftmütigen;
denn sie werden das Land erben.
Selig, die hungern und dürsten nach
der Gerechtigkeit;
denn sie werden gesättigt werden.
Selig die Barmherzigen;
denn sie werden Erbarmen finden.
Selig, die rein sind im Herzen;
denn sie werden Gott schauen.
Selig, die Frieden stiften;
denn sie werden Kinder Gottes genannt werden.
Selig, die verfolgt werden
um der Gerechtigkeit willen;
denn ihnen gehört das Himmelreich.
Selig seid ihr, wenn man euch schmäht
und verfolgt und alles Böse über euch redet
um meinetwillen.

Aus dem Matthäusevangelium, Mt 5,3–11

NICHTS ALS NUR DU

Herr und Gott, da bin ich.
Nichts als ich.
Vor dir.

Ich bringe nichts mit
als mich selbst.
Nichts als mich selbst.

Was wird nun geschehen
mit mir, vor dir?
Geschieht etwas?

Die anderen sind auch da.
Jeder hat sich mitgebracht.
Sich selbst.
Das genügt schon an Last.

Da sind wir also da vor dir.
Soviel jeder kann,
ist er da.

Was noch nicht da ist
von uns selber,
das holen wir noch herein.
Wir holen uns,
so gut wir können,
herein zu Dir.

Wo Du doch da bist,
Herr und Gott,
nichts als Du.

Gut, Herr,
wir sind zusammengeholt,
hereingeholt,
von draußen herein
gesammelt, in deine
alles hineinholende,
alles in sich sammelnde
Gegenwart.

Silja Walter (1919–2011),
Schweizer Benediktinerin und Schriftstellerin

IN UNS HEIMISCH

Gott ist immer bereit,
aber wir sind sehr unbereit.
Gott ist uns nahe,
aber wir sind ihm fern.
Gott ist drinnen,
aber wir sind draußen.
Gott ist in uns heimisch,
aber wir sind uns fremd.

Meister Eckhart (1260–1321),
Dominikaner und Mystiker

HEIMWEG ZUR KIRCHE

Ich will dich noch lieben,
wo meine Liebe zu dir endet.
Ich will dich noch wollen,
wo ich dich nicht mehr will.

Wo ich selbst anfange, da will ich aufhören,
und wo ich aufhöre, da will ich ewiglich bleiben.

Wo meine Füße sich weigern, mit mir zu gehen,
da will ich mich hinknien,
und wo meine Hände versagen, da will ich sie falten.

Gertrud von Le Fort (1876–1971),
deutsche Schriftstellerin (Text gekürzt)

JESUS

Einer kam
und zeigte,
wie ein Blitzlicht,
einen Bruchteil
der Geschichte,
was ein Mensch
sein könnte

Martin Gutl (1942–1994),
geistlicher Schriftsteller und Priester

DIE KUNST
DER KLEINEN SCHRITTE

Herr, ich bitte nicht um Wunder und Visionen,
sondern um Kraft für den Alltag.
Mach mich erfinderisch,
damit ich mich im täglichen Vielerlei nicht verliere.
Lass mich die Zeit richtig einteilen und lass mich
herausfinden, was erst- und was zweitrangig ist.
Schenke mir die nüchterne Erkenntnis,
dass im Leben nicht alles glatt gehen kann,
dass Schwierigkeiten und Niederlagen,
Misserfolge und Rückschläge
eine selbstverständliche Zugabe zum Leben sind,
durch die wir wachsen und reifen.
Schick mir im rechten Augenblick jemand, der den
Mut hat, mir die Wahrheit in Liebe zu sagen.
Viele Probleme lösen sich dadurch,
dass man nichts tut.
Gib, dass ich warten kann.
Schenke mir wahre Freunde
und lass mich diese Freundschaft
wie eine zarte Pflanze pflegen.
Mach aus mir einen Menschen,
der einem Schiff mit Tiefgang gleicht,
um auch die zu erreichen, die „unten" sind.
Bewahre mich vor der Angst,
ich könnte das Leben versäumen.
Gib mir nicht, was ich wünsche,
sondern das, was ich brauche.
Lehre mich die Kunst der kleinen Schritte.

Antoine de Saint-Exupéry (1900–1944), Schriftsteller (ihm zugeschrieben)

GEBET DES KLOSTERS AM RANDE DER STADT

Jemand muss zuhause sein,
Herr,
wenn du kommst.
Jemand muss dich erwarten,
unten am Fluss
vor der Stadt.
Jemand muss nach dir
Ausschau halten,
Tag und Nacht.
Wer weiß denn,
wann du kommst? ...

Jemand muss wachen,
unten an der Brücke,
um deine Ankunft zu melden,
Herr,
du kommst ja doch in der Nacht,
wie ein Dieb.
Wachen ist unser Dienst.
Wachen.
Auch für die Welt.
Sie ist oft so leichtsinnig,
läuft draußen herum
und nachts ist sie auch nicht zuhause.
Denkt sie daran,
dass du kommst?
Dass du ihr Herr bist
und sicher kommst? ...

Herr,
und jemand muss dich aushalten,
dich ertragen,

ohne davonzulaufen.
Deine Abwesenheit aushalten,
ohne an deinem Kommen
zu zweifeln.
Dein Schweigen aushalten
und singen.
Dein Leiden, deinen Tod
mitaushalten
und daraus leben.
Das muss immer jemand tun
mit allen anderen
und für sie.

Und jemand muss singen,
Herr,
wenn du kommst!
Das ist unser Dienst:
Dich kommen sehen und singen.
Weil du Gott bist.
Weil du die großen Werke tust,
die keiner wirkt als du.
Und weil du herrlich bist
und wunderbar,
wie keiner.

Komm, Herr!
Hinter unsern Mauern
unten am Fluss
wartet die Stadt
auf dich. Amen.

Silja Walter (1919–2011),
Schweizer Benediktinerin und Schriftstellerin

AUF DER ANDEREN SEITE
DES WEGES

Der Tod ist nichts,
ich bin nur in das Zimmer nebenan gegangen.
Ich bin ich, ihr seid ihr.
Das, was ich für euch war, bin ich immer noch.
Gebt mir den Namen,
den ihr mir immer gegeben habt.
Sprecht mit mir, wie ihr es immer getan habt.
Gebraucht nicht eine andere Redeweise,
seid nicht feierlich oder traurig.
Lacht weiterhin über das,
worüber wir gemeinsam gelacht haben.
Spielt, lacht, denkt an mich, betet für mich,
damit mein Name im Hause gesprochen wird,
so wie es immer war,
ohne besondere Betonung,
ohne die Spur des Schattens.
Das Leben bedeutet das, was es immer war.
Der Faden ist nicht durchschnitten.
Warum soll ich nicht mehr in euren Gedanken sein,
nur weil ich nicht mehr in eurem Blickfeld bin?
Ich bin nicht weit weg,
nur auf der anderen Seite des Weges.
Alles ist gut.

Henry Scott Holland (1847–1918),
anglikanischer Theologe

ALLES HAT SEINE STUNDE

Alles hat seine Stunde. Für jedes Geschehen unter
dem Himmel gibt es eine bestimmte Zeit:
eine Zeit zum Gebären und eine Zeit zum Sterben,
eine Zeit zum Pflanzen und eine Zeit zum Ausreißen
der Pflanzen, eine Zeit zum Töten und eine Zeit zum
Heilen, eine Zeit zum Niederreißen und eine Zeit
zum Bauen, eine Zeit zum Weinen und eine Zeit zum
Lachen, eine Zeit für die Klage und eine Zeit für den
Tanz; eine Zeit zum Steinewerfen und eine Zeit zum
Steinesammeln, eine Zeit zum Umarmen und
eine Zeit, die Umarmung zu lösen, eine Zeit zum
Suchen und eine Zeit zum Verlieren, eine Zeit zum
Behalten und eine Zeit zum Wegwerfen, eine Zeit
zum Zerreißen und eine Zeit zum Zusammennähen,
eine Zeit zum Schweigen und eine Zeit zum Reden,
eine Zeit zum Lieben und eine Zeit zum Hassen,
eine Zeit für den Krieg und eine Zeit für den Frieden.
Wenn jemand etwas tut, welchen Vorteil
hat er davon, dass er sich anstrengt?
Ich sah mir das Geschäft an, für das jeder Mensch
durch Gottes Auftrag sich abmüht.
Das alles hat er schön gemacht zu seiner Zeit.
Überdies hat er die Ewigkeit in ihr Herz hineingelegt,
doch ohne dass der Mensch das Tun, das Gott getan
hat, von seinem Anfang bis zu seinem Ende
wiederfinden könnte.

Aus dem Weisheitsbuch des Kohelet, Pred 3,1–11

Hilf mir, bitte!

Trost-Gebete
in Not und Krankheit

———————————

Ich erinnere mich an eine nigerianische Frau, die in unserer Kirche gebetet hat. Sie hat ihre Not immer wieder laut herausgeschrien – für unser Empfinden fast peinlich, zumindest ungewöhnlich. Einige Leute haben mich aufgefordert, sie zum Schweigen zu bringen. Ich tat es bewusst nicht. Sollten nicht wir unsere Art zu beten überdenken? Meist trauen wir Gott viel zu wenig zu, lassen ihn einen netten Onkel sein.

„Bittet und es wird euch gegeben!" Jesus fordert uns auf, inständig zu bitten – ja, sogar Gott lästig zu sein wie die Witwe aus dem Lukasevangelium (Lk 18,1–8). Sie ging dem Richter so lange auf die Nerven, bis er ihr zu ihrem Recht verhalf. Wer in diesem Sinne bittet, rechnet mit den größeren Möglichkeiten Gottes. Und Gebete werden erhört. Ich habe es oftmals erlebt. Mit Tränen in den Augen haben Menschen bezeugt: Gott hat eingegriffen, als wir selbst vollkommen am Ende waren.

Aber es gibt auch die gegenteilige Erfahrung: Gott hat die Gebete, Wünsche und sorgenvollen Bitten nicht erhört – zumindest nicht so, wie sich der betende Mensch dies gewünscht hat. Manchmal schweigt Gott sogar oder mutet uns Erfahrungen zu, die irritieren. Wozu also bitten? Wozu in der Not zu Gott schreien? Vielleicht müssen wir zuerst lernen, dass Gott nicht wie ein Automat funktioniert. Eine solche Erfahrung ist ernüchternd aber ebenso kostbar. Sie macht uns demütiger. Wir sind nicht der Mittelpunkt der Welt.

Bittgebete sammeln oft die Restmenge an Hoffnung. Ich bin mir sicher, dass jedes Gebet das Herz Gottes erreicht – und vom *Hörgott* erhört wird. Als Töchter und Söhne des himmlischen Vaters haben wir die Gewissheit, dass Gott das Beste für uns vorhat – auch wenn das Leben oft eigenartige Zumutungen und so manches Leid bereithält. Keinesfalls lassen sich Probleme „wegbeten". Unser Leben bleibt verwundbar. Nicht alles geht in Erfüllung. Aber in allem ist Gott tröstend gegenwärtig.

NICHTS LÄUFT MEHR

Herr,
alles zerbricht
meine Pläne
meine Hoffnung
meine Wünsche
nichts ist mehr
wie es vor Tagen war
nichts läuft mehr
wie es noch gestern lief.

Wenn du der Weg bist
zeige dich
wenn du die Wahrheit bist
versteck dich nicht
wenn du das Leben bist
lauf mir nicht davon.

Rudi Weiß (*1957),
österreichischer Schriftsteller und Fotograf

HILFERUF
AUS TIEFER NOT

Aus den Tiefen rufe ich, HERR, zu dir:
Mein Herr, höre doch meine Stimme!
Lass deine Ohren achten auf mein Flehen um Gnade.
Würdest du, Herr, die Sünden beachten,
mein HERR, wer könnte bestehn?
Doch bei dir ist Vergebung,
damit man in Ehrfurcht dir dient.
Ich hoffe auf den HERRN, es hofft meine Seele,
ich warte auf sein Wort.
Meine Seele wartet auf meinen Herrn
mehr als Wächter auf den Morgen,
ja, mehr als Wächter auf den Morgen.
Israel, warte auf den HERRN,
denn beim HERRN ist die Huld,
bei ihm ist Erlösung in Fülle.
Ja, er wird Israel erlösen aus all seinen Sünden.

Psalm 130

ICH SUCHE EINE HAND

Gott, ich suche eine Hand,
die mich hält und ermutigt,
die mich beruhigt und schützt.

Ich taste nach einer Hand,
die mich begleitet und führt,
die mich heilt und rettet.

Ich brauche eine Hand,
die stark ist und mich trägt,
die mich ergreift und hält.

Ich möchte eine Hand,
die es gut mit mir meint,
die sich zärtlich um mich legt.

Gott, Deine Hand lädt mich ein: Komm!
Deine Hand lässt mich spüren: Fürchte dich nicht!
Deine Hand schenkt die Gewissheit: Ich liebe dich!
In Deiner Hand bin ich geborgen
und aufgehoben für immer.

Theo Schmidkonz (1926–2018), deutscher Jesuit

TROTZDEM GEBORGEN

Der Tumor hat sich zurückgemeldet,
unausweichlich, unaufhaltsam – eindeutig klar.
Und dennoch – so viel Leben, immer noch,
obwohl ich weiß, dass ich
diesen letzten Weg zu gehen habe.
Für jedes Geschenk von Begegnung
unendlich dankbar.
Ich war so lange ohne Schmerzen,
ohne Angst, voll Mut:
Es wird gut!
Auch jetzt weiß ich es: Es wird gut –
mit deiner Hilfe, mein Gott, in deiner Nähe.
Zwischenzeitlich bin ich schon dabei,
meine allerletzten Regelungen zu treffen –
nur das Wann ist offen.
Das Wann, sonst nichts.
„Noch" ist jetzt das Wort meiner Zeit:
Noch einmal ans Tageslicht, den Regen hören,
das Wetterleuchten sehen, eine Berührung,
noch ein kleines Schlückchen Wein trinken,
eine Kirsche essen und
noch viele Gespräche führen –
nicht über das ohnehin nie passende Wetter,
sondern über das,
was uns wirklich bewegt ...

Jedes Wort, das aus dem Herzen kommt,
sauge ich jetzt auf, dankbar für jede Umarmung.
In allem bin ich bei Dir, o Gott –
in einem tiefen Frieden,
trotzdem geborgen.
Freu mich auf unser Wiedersehen!

Nik Lallitsch (1962–2023),
Immobilienexperte und Autor

NADA TE TURBE

Nichts soll dich ängstigen,
nichts dich erschrecken,
alles vergeht,
Gott bleibt derselbe.
Geduld erreicht alles;
wer Gott besitzt, dem kann nichts fehlen.
Gott nur genügt.

Teresa von Ávila (1515–1582),
spanische Ordensgründerin und Mystikerin

WER BIN ICH?

Wer bin ich? Sie sagen mir oft,
ich träte aus meiner Zelle
gelassen und heiter und fest
wie ein Gutsherr aus seinem Schloss.
Wer bin ich? Sie sagen mir oft,
ich spräche mit meinen Bewachern
frei und freundlich und klar,
als hätte ich zu gebieten.
Wer bin ich? Sie sagen mir auch,
ich trüge die Tage des Unglücks
gleichmütig, lächelnd und stolz,
wie einer, der Siegen gewohnt ist.

Bin ich das wirklich, was andere von mir sagen?
Oder bin ich nur das, was ich selbst von mir weiß?
Unruhig, sehnsüchtig, krank, wie ein Vogel im Käfig,
ringend nach Lebensatem,
als würgte mir einer die Kehle,
hungernd nach Farben, nach Blumen,
nach Vogelstimmen,
dürstend nach guten Worten,
nach menschlicher Nähe,
zitternd vor Zorn über Willkür und
kleinlichste Kränkung,
umgetrieben vom Warten auf große Dinge.

Ohnmächtig bangend um Freunde in endloser Ferne,
müde und zu leer zum Beten,
zum Denken, zum Schaffen,
matt und bereit, von allem Abschied zu nehmen?

Wer bin ich? Der oder jener?

Bin ich denn heute dieser und morgen ein anderer?
Bin ich beides zugleich?
Vor Menschen ein Heuchler und vor mir selbst
ein verächtlich wehleidiger Schwächling?
Oder gleicht, was in mir noch ist,
dem geschlagenen Heer,
das in Unordnung weicht
vor schon gewonnenem Sieg?

Wer bin ich?
Einsames Fragen treibt mit mir Spott.
Wer ich auch bin, Du kennst mich,
Dein bin ich, o Gott!

Dietrich Bonhoeffer (1906–1945),
evangelischer Theologe und Widerstandskämpfer

WO SIND
DIE LEICHTEN TAGE?

Lieber Herr Jesus,
hinter mir liegt ein Tag zum Verzweifeln,
vor mir liegt ein Tag, der mir Angst einflößt.
Alles fühlt sich eng an.
Wo sind die leichten Tage?
Mit einem Mal scheint alles verworren.
Bitte entwirre Du.
Komm mir zur Hilfe.
Mach, dass ich mich ein bisschen
leichter fühlen darf;
heute abend,
morgen früh,
jeden Tag ein bisschen mehr, wenn es sein darf.
Mit Dir an meiner Seite
muss ich nicht gänzlich verzweifeln
und trotz Angst kann ich noch atmen.
Ich erbitte
Leichtigkeit und Zuversicht
hellere Tage
und ein tiefes Durchatmen.
Ich bin Dir so sehr dankbar,
dass Du mein Licht und meine Hoffnung bist.
Amen.

Diana Schmid, deutsche Autorin

DU VERLÄSST MICH NICHT

Ich habe keinen anderen Helfer als dich,
keinen anderen Erlöser,
keinen anderen Halt.
Zu dir bete ich.
Nur du kannst mir helfen.
Die Not ist zu groß, in der ich jetzt stehe.
Die Verzweiflung packt mich an,
und ich weiß nicht mehr ein noch aus.
Ich bin ganz unten
und komme allein nicht mehr hoch, nicht heraus.
Wenn es dein Wille ist,
dann befreie mich aus dieser Not.
Lass mich wissen,
dass du stärker bist als alle Not.

Gebet aus Afrika

WENN DU MICH HÄLTST

Herr, bei dir bin ich sicher,
wenn du mich hältst,
habe ich nichts zu fürchten.
Ich weiß wenig von der Zukunft,
aber ich vertraue auf dich.
Gib, was gut ist für mich.
Nimm, was mir schaden kann.
Wenn Sorgen und Leid kommen,
hilf mir, sie zu tragen.
Lass mich dich erkennen,
an dich glauben und dir dienen.

John Henry Newman (1801–1890),
englischer Kardinal

WIE LANGE NOCH?

Wie lange noch, HERR, vergisst du mich ganz?
Wie lange noch verbirgst du dein Angesicht vor mir?
Wie lange noch muss ich Sorgen tragen
in meiner Seele,
Kummer in meinem Herzen Tag für Tag?
Wie lange noch darf mein Feind sich
über mich erheben?
Blick doch her, gib mir Antwort, HERR, mein Gott,
erleuchte meine Augen, damit ich nicht
im Tod entschlafe.

Psalm 13,2–4

HERR, UNSER GOTT!

Herr, unser Gott!
Wenn wir Angst haben,
dann lass uns nicht verzweifeln!

Wenn wir enttäuscht sind,
dann lass uns nicht bitter werden!

Wenn wir gefallen sind,
dann lass uns nicht liegen bleiben!

Wenn es mit unserem Verstehen
und unseren Kräften zu Ende ist,
dann lass uns nicht umkommen!

Nein, dann lass uns
deine Nähe und deine Liebe spüren!

Karl Barth (1886–1968),
evangelischer Theologe aus der Schweiz

AUF DEM GROSSEN WEG

Ich bitte dich, Herr, um die Kraft,
diesen kleinen Tag zu bestehen,
um auf dem großen Weg zu dir
einen kleinen Schritt weiterzukommen.

Ernst Ginsberg (1905–1964),
deutscher Schauspieler und Regisseur

HERR, ICH HABE DICH UM KRAFT GEBETEN

Herr, ich habe dich um Kraft gebeten,
um Erfolg zu haben;
du hast mich schwach werden lassen,
damit ich gehorchen lerne.

Ich habe dich um Gesundheit gebeten,
um große Dinge zu tun;
ich habe die Krankheit erhalten,
um Besseres zu tun.

Ich habe dich um Reichtum gebeten,
um glücklich zu sein;
ich habe die Armut erhalten,
um weise zu sein.

Ich habe dich um Macht gebeten,
um von den Menschen geschätzt zu werden;
ich habe die Ohnmacht erhalten,
um Verlangen nach dir zu verspüren.

Ich habe dich um Freundschaft gebeten,
um nicht allein leben zu müssen;
du hast mir ein Herz gegeben,
um alle meine Schwestern und Brüder zu lieben …

Ich habe nichts gehabt von dem,
was ich erbeten hatte;
ich habe alles gehabt,
was ich erhofft hatte.

Fast gegen meinen Willen
wurden meine ungesagten Gebete erhört.

Ich danke dir, Herr.

Gebet auf einer Bronzetafel in einem Spital in New York

IN KRANKHEIT

Herr,
ich kann nichts mehr ausrichten
doch du richtest mich auf
Ich kann nichts mehr bewegen
jetzt bist du der Weg
Ich kann nichts mehr geben
du gibst dich her für mich
Ich kann nichts mehr tun
du tust alles für mich
Bleibe bei mir
am Abend dieses Tages
am Abend des Lebens
am Abend der Welt.

Rudi Weiß (*1957),
österreichischer Schriftsteller und Fotograf

EIN KRANKENSEGEN

Der Herr des Lebens segne dich und heile dich.
In deiner Krankheit stehe Er dir bei.
Er richte dich auf,
und – wenn die Zeit dafür reif ist –
lasse Er deinen Leib gesunden.
Deiner Seele schenke Er Vertrauen und Ruhe.
Er gebe dir, wenn du es brauchst,
den Mut, auszuruhen von der Unruhe des Lebens,
so lange, wie es dir gut tut.
Er gebe dir zur rechten Zeit
die Kraft, wieder aufzustehen
und dich dem Leben zuzuwenden,
das dir vielleicht zu hart erschien.
Er lasse dich die Wurzel
und den Sinn deiner Krankheit sehen
und helfe dir, ihre Botschaft zu erkennen.
Er gebe dir ein gutes Gefühl für dich selbst,
dass du rechtzeitig spürst,
was dir an die Nieren geht,
was dir auf den Magen schlägt
oder den Atem nimmt.
Denn Er liebt nicht deine Not,
sondern dein Wohlergehen.
Das gewähre dir der Gott,
der das Leben geschaffen
und dessen Sohn die Kranken geheilt hat:
Ja, Er segne dich. Amen.

Herbert Jung (*1947),
deutscher Autor und Priester

MEINE ZUFLUCHT

HERR, bei dir habe ich mich geborgen.
Lass mich nicht zuschanden werden in Ewigkeit;
rette mich in deiner Gerechtigkeit!

Neige dein Ohr mir zu, erlöse mich eilends!
Sei mir ein schützender Fels, ein festes Haus,
mich zu retten.

Denn du bist mein Fels und meine Festung;
um deines Namens willen
wirst du mich führen und leiten.

Du wirst mich befreien aus dem Netz,
das sie mir heimlich legten;
denn du bist meine Zuflucht.

In deine Hände lege ich
voll Vertrauen meinen Geist;
du hast mich erlöst,
HERR, du Gott der Treue.

Psalm 31,2–6

BLEIBE BEI UNS

Jesus,
du hast das Kreuz,
den Tod und die Sinnlosigkeit
unserer Welt erfahren und durchlebt.
Bleibe bei uns,
wenn unser Leben dunkel und sinnlos ist,
wenn wir enttäuscht sind von uns selber
und von anderen Menschen,
wenn unsere Augen nicht mehr weitersehen,
wenn unsere Hände schuldig geworden sind,
wenn unsere Füße nicht mehr weitergehen,
wenn unsere Herzen ausgebrannt sind,
wenn wir alles aufgeben wollen,
wenn alles zum Davonlaufen ist.
Bleibe bei uns!

Franz Troyer (*1965),
österreichischer Priester und Autor

ERLEUCHTE MICH

Lass mich deinen Willen erkennen,
deinen Willen für mich,
deinen Willen gerade jetzt
und hier in diesem Augenblick meines Lebens.
Ich weiß, Herr, dass ich immer wieder
deinen Willen umzubiegen suche
nach meiner Laune.
Erleuchte mich.

Gib mir Mut,
mit unerwarteten Forderungen von dir zu rechnen,
den Mut, mir von dir etwas zutrauen zu lassen,
wozu meine Kräfte nicht auszureichen scheinen,
den Mut, an deine Kraft
in meiner Schwachheit zu glauben.

Gib mir die Kraft,
als guter und getreuer Knecht
deinen Willen zu sehen und allezeit zu erfüllen.

Hugo Rahner (1900–1968),
deutscher Jesuit

TAGEBUCHEINTRAG, 29. JUNI 1942

Mein Gott,
ich kann nichts anderes als stammeln zu Dir.
Nichts anderes kann ich,
als Dir mein Herz hinhalten,
das tausend Wünsche von Dir wegziehen.
Da ich so schwach bin,
dass ich freiwillig nicht Dir zugekehrt bleiben kann,
so zerstöre mir, was mich von Dir wendet,
und reiß mich mit Gewalt zu Dir.
Denn ich weiß es, dass ich nur bei Dir glücklich bin,
ach, wieweit bin ich weg von Dir,
und das Beste an mir ist noch der Schmerz,
den ich darüber empfinde.
Doch ich bin oft so tot und stumpf.
Bleibe bei mir!

Sophie Scholl (1921–1943),
deutscher Widerstandskämpferin

IM SCHWEIGEN FINDE ICH

Die Warum-Fragen engen mich ein
und verwirren mich.
O Gott, ich merke:
Meine Warum-Fragen führen ins Nichts.
Ich bete zu Dir! Erbarme Dich meiner!
Hilf mir, von den Fragen loszukommen
und mich in Deine Hände fallen zu lassen.
Ich weiß, o Gott,
der Stolz hält mich ab,
mich fallen zu lassen.
Ich will erklären, verstehen,
will Fragen stellen,
wo es keine
Antwort gibt.
Ich will verstehen können,
was nicht zu verstehen ist.
Im Schweigen finde ich
eher den Sinn der Geschichte
als im Reden.

Martin Gutl (1942–1994),
geistlicher Schriftsteller und Priester

WENN GOTT UNS HEIMFÜHRT

Wenn Gott uns heimführt
aus den Tagen der Wanderschaft,
uns heimbringt aus der Dämmerung
in sein beglückendes Licht,
das wird ein Fest sein!
Da wird unser Staunen von Neuem beginnen.
Wir werden Lieder singen, Lieder,
die Welt und Geschichte umfassen.
Wir werden singen, tanzen und fröhlich sein,
denn Er führt uns heim:
aus dem Hasten in den Frieden,
aus der Armut in die Fülle.

Wenn Gott uns heimbringt
aus den schlaflosen Nächten,
aus dem fruchtlosen Reden,
aus den verlorenen Stunden,
aus der Jagd nach dem Geld,
aus der Angst vor dem Tod,
aus Kampf und aus Gier,
wenn Gott uns heimbringt, das wird ein Fest sein!
Dann wird Er lösen die Finger der Faust,
die Fesseln, mit denen wir uns
der Freiheit beraubten.
Den Raum unseres Lebens wird Er weiten
in alle Höhen und Tiefen,
in alle Längen und Breiten
seines unermesslichen Hauses.
Keine Grenze zieht Er uns mehr.

Wer liebt, wird ewig lieben!

Wenn Gott uns heimbringt, das wird ein Fest sein.
Wir werden einander umarmen und zärtlich sein.
Es werden lachen nach langen Jahren der Armut,
die Hunger gelitten.
Es werden singen nach langen, unfreien Nächten
die von Mächten Gequälten.
Es werden tanzen die Gerechten,
die auf Erden kämpften und litten für
eine bessere Welt!

Wenn Gott uns heimführt, das wird ein Fest sein!

Martin Gutl (1942–1994),
geistlicher Schriftsteller und Priester

Evergreens

Klassiker zwischen Himmel und Erde

———————————

Einmal habe ich ein 11-jähriges Mädchen gefragt, ob es betet. „Selbstverständlich", hat es geantwortet, „täglich bete ich". Und dann hat die kleine Dame mir erklärt, dass sie manchmal den Eindruck hat, wie gegen eine Wand zu sprechen, aber immer öfter komme ihr vor, „sie spreche direkt in das Herz Gottes hinein". Ich war von dieser Erfahrung überwältigt. Wer betet, kennt beides: die Not, dass scheinbar keine Resonanz da ist, und ebenso die innere Verbundenheit mit Gott.

Es ist nicht entscheidend, ob ein Gebet frei formuliert wird oder nicht. Entscheidend ist, ob das Herz des Menschen mitzuschwingen beginnt. Spontan formulierte Gebete können stärker auf Ereignisse reagieren und aktuelle Empfindungen ins Wort bringen. Aber sie können auch anstrengend, ja überfordernd sein. Vorgefasste Gebete sind wie eine Kleidung, die man bewusst auswählt – sie kleiden diverse Erfahrungen und Anlässe in eine vertraute Sprache.

Sie umfangen die Sprachlosigkeit einer tiefen Trauer, schützen vor der Versuchung resignativen Verstummens und bergen in Momenten von Erschöpfung. Gebete müssen dennoch so wie Kleider von Zeit zu Zeit gewechselt werden. Auch die besten Kindergebete können sich abnützen. Im großen Kleiderschrank christlicher Spiritualität gibt es dennoch einige Klassiker, die unabhängig von Modeerscheinungen immer passen. Evergreens! Allen voran das *Vaterunser*, das Herzensgebet Jesu.

Herzhaft lachen musste ich über den unerwarteten Dreh, den das 11-jährige Mädchen in ihrer Antwort noch hinzufügte: „Ich erzähle Gott auch die neuesten Witze. Leider weiß er immer schon, wie sie ausgehen." Ist das nicht stark? Dieses Mädchen hatte eine ausgesprochen freundschaftliche Beziehung zu Gott – ein sympathisches Verhältnis von Herz zu Herz. Und Gott hat Humor. Selbst durch die millionenfach wiederholten Gebete lässt er sich immer noch herzhaft bewegen.

VATERUNSER

Vater unser im Himmel,
geheiligt werde Dein Name;
Dein Reich komme;
Dein Wille geschehe,
wie im Himmel so auf Erden.
Unser tägliches Brot gib uns heute
und vergib uns unsere Schuld,
wie auch wir vergeben unseren Schuldigern,
und führe uns nicht in Versuchung,
sondern erlöse uns von dem Bösen.
Denn Dein ist das Reich und die Kraft
und die Herrlichkeit in Ewigkeit.
Amen.

LOBPREIS
DES DREIEINIGEN GOTTES

Ehre sei dem Vater
und dem Sohn
und dem Heiligen Geist.
Wie im Anfang,
so auch jetzt und allezeit
und in Ewigkeit.
Amen.

DAS APOSTOLISCHE GLAUBENSBEKENNTNIS

Ich glaube an Gott, den Vater, den Allmächtigen,
den Schöpfer des Himmels und der Erde,
und an Jesus Christus,
seinen eingeborenen Sohn, unsern Herrn,
empfangen durch den Heiligen Geist,
geboren von der Jungfrau Maria,
gelitten unter Pontius Pilatus,
gekreuzigt, gestorben und begraben,
hinabgestiegen in das Reich des Todes,
am dritten Tage auferstanden von den Toten,
aufgefahren in den Himmel;
er sitzt zur Rechten Gottes, des allmächtigen Vaters;
von dort wird er kommen,
zu richten die Lebenden und die Toten.
Ich glaube an den Heiligen Geist,
die heilige katholische Kirche,
Gemeinschaft der Heiligen,
Vergebung der Sünden,
Auferstehung der Toten und das ewige Leben.
Amen.

LOBPREIS
DES ZACHARIAS

Gepriesen sei der Herr, der Gott Israels!
Denn er hat sein Volk besucht und ihm
Erlösung geschaffen;
er hat uns einen starken Retter erweckt
im Hause seines Knechtes David.
So hat er verheißen von alters her
durch den Mund seiner heiligen Propheten.
Er hat uns errettet vor unseren Feinden
und aus der Hand aller, die uns hassen;
er hat das Erbarmen mit den Vätern an uns vollendet
und an seinen heiligen Bund gedacht, an den Eid,
den er unserm Vater Abraham geschworen hat;
er hat uns geschenkt, dass wir,
aus Feindeshand befreit,
ihm furchtlos dienen in Heiligkeit und Gerechtigkeit
vor seinem Angesicht all unsre Tage.
Und du, Kind, wirst Prophet des Höchsten heißen;
denn du wirst dem Herrn vorangehen
und ihm den Weg bereiten.
Du wirst sein Volk mit der Erfahrung des Heils
beschenken in der Vergebung der Sünden.
Durch die barmherzige Liebe unseres Gottes
wird uns besuchen das aufstrahlende Licht
aus der Höhe,
um allen zu leuchten, die in Finsternis
sitzen und im Schatten des Todes,
und unsre Schritte zu lenken
auf den Weg des Friedens.

Benedictus, Lk 1,68–79

MARIA PREIST
GOTTES GRÖSSE

Meine Seele preist die Größe des Herrn,
und mein Geist jubelt über Gott, meinen Retter.
Denn auf die Niedrigkeit seiner Magd
hat er geschaut.
Siehe, von nun an preisen mich
selig alle Geschlechter.
Denn der Mächtige hat Großes an mir getan,
und sein Name ist heilig.
Er erbarmt sich von Geschlecht zu Geschlecht
über alle, die ihn fürchten.
Er vollbringt mit seinem Arm machtvolle Taten,
er zerstreut, die im Herzen voll Hochmut sind.
Er stürzt die Mächtigen vom Thron
und erhöht die Niedrigen.
Die Hungernden beschenkt er mit seinen Gaben
und lässt die Reichen leer ausgehen.
Er nimmt sich seines Knechtes Israel an
und denkt an sein Erbarmen,
das er unsern Vätern verheißen hat,
Abraham und seinen Nachkommen auf ewig.

Magnificat, Lk 1,46–55

DER GUTE HIRTE

Der HERR ist mein Hirt,
nichts wird mir fehlen.

Er lässt mich lagern auf grünen Auen
und führt mich zum Ruheplatz am Wasser.

Meine Lebenskraft bringt er zurück.
Er führt mich auf Pfaden der Gerechtigkeit,
getreu seinem Namen.

Auch wenn ich gehe im finsteren Tal,
ich fürchte kein Unheil;
denn du bist bei mir,
dein Stock und dein Stab, sie trösten mich.

Du deckst mir den Tisch
vor den Augen meiner Feinde.
Du hast mein Haupt mit Öl gesalbt,
übervoll ist mein Becher.

Ja, Güte und Huld werden mir folgen
mein Leben lang
und heimkehren werde ich ins Haus
des HERRN für lange Zeiten.

Psalm 23

GROSSER GOTT, WIR LOBEN DICH

Großer Gott, wir loben dich;
Herr, wir preisen deine Stärke.
Vor dir neigt die Erde sich und
bewundert deine Werke.
Wie du warst vor aller Zeit, so bleibst du in Ewigkeit.

Alles, was dich preisen kann, Kerubim und Serafinen
stimmen dir ein Loblied an;
alle Engel, die dir dienen,
rufen dir stets ohne Ruh „Heilig, heilig, heilig" zu.

Heilig, Herr Gott Zebaot!
Heilig, Herr der Himmelsheere!
Starker Helfer in der Not!
Himmel, Erde, Luft und Meere
sind erfüllt von deinem Ruhm;
alles ist dein Eigentum.

Der Apostel heilger Chor,
der Propheten hehre Menge
schickt zu deinem Thron empor
neue Lob- und Dankgesänge;
der Blutzeugen lichte Schar
lobt und preist dich immerdar.

Dich, Gott Vater auf dem Thron,
loben Große, loben Kleine.
Deinem eingebornen Sohn
singt die heilige Gemeinde,
und sie ehrt den Heilgen Geist,
der uns seinen Trost erweist.

Ignaz Franz (1719–1790), deutscher Kirchenliederdichter

LOBPREIS
DER SCHÖPFUNG

Höchster, allmächtiger und guter Herr,
dein sind der Lobpreis, die Herrlichkeit und Ehr.

Herr, sei gelobt durch Bruder Sonne,
er ist der Tag, der leuchtet für und für.
Er ist dein Glanz und Ebenbild, o Herr.

Herr, sei gelobt durch unsre Schwester Mond
und durch die Sterne, die du gebildet hast.
Sie sind so hell, so kostbar und so schön.

Herr, sei gelobt durch Schwester Wasser,
sie ist gar nützlich, demutsvoll und keusch.
Sie löscht den Durst, wenn wir ermüdet sind.

Herr, sei gelobt durch Bruder Feuer,
der uns erleuchtet die Dunkelheit und Nacht.
Er ist so schön, gar kraftvoll und auch stark.

Herr, sei gelobt durch Mutter Erde,
die uns ernährt, erhält und Früchte trägt.
Die auch geschmückt durch Blumen und Gesträuch.

Herr, sei gelobt durch jene, die verzeihen,
und die ertragen Schwachheit, Leid und Qual.
Von dir, du Höchster, werden sie gekrönt.

Herr, sei gelobt durch unsren Bruder Tod,
dem kein Mensch lebend je entrinnen kann.
Der zweite Tod tut uns kein Leide an.

Lobet und preiset den Herrn in Dankbarkeit
und dienet ihm mit großer Demut.

Franz von Assisi (1181/2–1226), Ordensgründer und Mystiker

VON GUTEN MÄCHTEN WUNDERBAR GEBORGEN

Von guten Mächten treu und still umgeben,
behütet und getröstet wunderbar,
so will ich diese Tage mit euch leben
und mit euch gehen in ein neues Jahr.

Noch will das alte unsre Herzen quälen,
noch drückt uns böser Tage schwere Last.
Ach Herr, gib unsern aufgeschreckten Seelen
das Heil, für das du uns geschaffen hast.

Und reichst du uns den schweren Kelch, den bittern
des Leids, gefüllt bis an den höchsten Rand,
so nehmen wir ihn dankbar ohne Zittern
aus deiner guten und geliebten Hand.

Doch willst du uns noch einmal Freude schenken
an dieser Welt und ihrer Sonne Glanz,
dann wolln wir des Vergangenen gedenken,
und dann gehört dir unser Leben ganz.

Lass warm und hell die Kerzen heute flammen,
die du in unsre Dunkelheit gebracht,
führ, wenn es sein kann, wieder uns zusammen.
Wir wissen es, dein Licht scheint in der Nacht.

Wenn sich die Stille nun tief um uns breitet,
so lass uns hören jenen vollen Klang
der Welt, die unsichtbar sich um uns weitet,
all deiner Kinder hohen Lobgesang.

Von guten Mächten wunderbar geborgen,
erwarten wir getrost, was kommen mag.
Gott ist bei uns am Abend und am Morgen
und ganz gewiss an jedem neuen Tag.

Dietrich Bonhoeffer (1906–1945), Theologe und Widerstandskämpfer

GANZ ZU EIGEN DIR

Mein Herr und mein Gott,
nimm alles von mir,
was mich hindert zu dir.
Mein Herr und mein Gott,
gib alles mir,
was mich fördert zu dir.
Mein Herr und mein Gott,
nimm mich mir
und gib mich ganz zu eigen dir.

Klaus von der Flüe (1417–1487),
Schweizer Einsiedler und Mystiker

WER GLAUBT,
IST NIE ALLEIN

Wer glaubt, ist nie allein!
Du, Herr, wirst mit uns sein,
mit deiner Kraft, die Leben schafft.
Wer glaubt, ist nie allein!

Du bist Jesus, der Sohn Gottes,
allen Menschen bist du nah.
Zur Freundschaft lädst du uns ein,
Leben in Fülle willst du uns sein
in Zeit und Ewigkeit!

Du rufst Petrus, deinen Jünger,
einen Felsen, der uns trägt:
Als Fischer, als Menschenhirt,
führe zusammen, was sich verirrt,
in Zeit und Ewigkeit!

Du willst Menschen, die dir folgen
auf dem Weg, der Liebe heißt.
Bleib bei uns mit deinem Geist,
Zukunft und Hoffnung er uns verheißt
in Zeit und Ewigkeit!

Du bist Hoffnung allen Menschen
auf den Straßen dieser Welt.
Gib Frieden und Einigkeit!
Schenk uns die Wahrheit, die uns befreit,
in Zeit und Ewigkeit!

Du bist Christus, Tür zum Leben,
du gibst alles, du nimmst nichts.

Die Liebe ist deine Macht.
Bleib, Herr, bei uns bei Tag und bei Nacht
in Zeit und Ewigkeit!

Hagen Horoba (*1972),
deutscher katholischer Theologe

STILLE KRAFT DER LIEBE

Mein Gott, mein Erlöser, bleibe bei mir.
Fern von dir müsste ich welken und verdorren.
Zeigst du dich mir wieder,
blühe ich auf in neuem Leben.
Du bist das Licht, das nie verlöscht,
die Flamme, die immer lodert.
Vom Glanz deines Lichtes beschienen,
werde ich selber Licht,
um anderen zu leuchten.
Ich bin nur wie ein Glas,
durch das du den anderen scheinst.
Lass mich zu deinem Ruhm
deine Wahrheit und deinen Willen verkünden,
nicht durch viele Worte,
sondern durch die Kraft der tätigen Liebe –
wie deine Heiligen –
durch meines Herzens aufrichtige Liebe zu dir.

John Henry Newman (1801–1890),
englischer Kardinal

In einer verwundeten Welt

Solidarisch für Frieden und Gerechtigkeit

Ein Missionar erzählte von einem Mann in einem entlegenen Dorf in Afrika, der täglich sehr lange betete. Meist länger als er selbst, der gewissenhaft seine morgendliche Gebetspflicht erfüllte. Als er ihn eines Tages zur Rede stellte, antwortete dieser, dass er für das ganze Dorf beten würde. Der Missionar erwiderte, dass dies mit einer einzigen Fürbitte erledigt wäre. Doch der Mann entgegnete: „Beim Beten gehe ich mit meinen Gedanken von einer Hütte zur nächsten. Das braucht seine Zeit."

Gebet weitet das menschliche Herz, macht es zum Resonanzraum für „Freude und Hoffnung, Trauer und Angst der Menschen von heute" (Zweites Vatikanisches Konzil). Beten verbindet. Ein wirklich christliches Gebet ist immer offen für ein größeres Wir, immer solidarisch. Es bleibt nicht bei den eigenen Anliegen und Sorgen stecken. Wer im Namen Jesu betet, verbündet sich mit dem leidenschaftlich liebenden Gott – und zugleich mit den Notleidenden unserer Zeit. Beten ist nie eine Flucht aus der Welt, sondern ganz im Gegenteil, eine bewusste Weltzuwendung im Namen Gottes. Angesichts der vielen globalen Krisen wird unser Beten fast automatisch zur Klage vor Gott, zum flehentlichen Bitten um mehr Gerechtigkeit. Inspiriert durch die prophetischen Texte der Bibel wird eine innere Widerstandskraft wachsen – Gier und bedrohliche Machtgelüste sollten doch nicht das letzte Wort haben!

Das Gebet um Frieden ist ein Dauerauftrag – gerade dann, wenn die täglichen Nachrichten immer schrecklichere Bilder von Krieg und Zerstörung ins Haus liefern. Das Gebet ist eine geistige Kraft, eine Macht in aller Ohnmacht. Es schützt vor Resignation und Gleichgültigkeit. Die Leipziger Friedensgebete von 1989 und einige Jahre zuvor die Rosenkranzrevolution von Manila sind zwei prominente Beispiele: Das Gebet ist eine Trotzdem-Kraft, die die Welt zum Guten verändert.

AUSSCHAU
NACH DEM LAND

Jemand muss doch Ausschau halten nach
dem Land des Friedens,
obwohl die Augen schon trüb vor Resignation.
Jemand muss doch ersehnen das Leben in Fülle,
obwohl böse Erfahrungen
Herz und Hände lähmen wollen.
Jemand muss doch glauben, dass der Tag kommt,
an dem Wolf und Lamm zusammen weiden.
Jemand muss doch hoffen, wider alle Aufrüstung,
dass Schwerter und Speere zu Pflugscharen und
Winzermessern werden.
Jemand muss doch lieben das Reich,
das im Kommen ist,
klein wie der Senfsamen und
sterblich wie ein Weizenkorn,
und es lebendig halten im eigenen Herzen.

Elisabeth Bernet (*1948), katholische Theologin aus der Schweiz

VEREINT
IN DER HOFFNUNG

Herr und Vater der Menschheit,
du hast alle Menschen
mit gleicher Würde erschaffen.
Gieße den Geist der Geschwisterlichkeit
in unsere Herzen ein.
Wecke in uns den Wunsch nach
einer neuen Art der Begegnung,
nach Dialog, Gerechtigkeit und Frieden.
Sporne uns an, allerorts bessere
Gesellschaften aufzubauen
und eine menschenwürdigere Welt
ohne Hunger und Armut, ohne Gewalt und Krieg.

Gib, dass unser Herz
sich allen Völkern und Nationen der Erde öffne,
damit wir das Gute und Schöne erkennen,
das du in sie eingesät hast,
damit wir engere Beziehungen knüpfen,
vereint in der Hoffnung und in gemeinsamen Zielen.

Papst Franziskus (*1936)

NIE WIEDER KRIEG

Großer, barmherziger Gott unserer Väter,
du hast Pläne des Friedens und nicht des Leidens.
Ächte die Kriege
und brich den Hochmut der Tyrannen.

Du hast deinen Sohn Jesus gesandt,
den Nahen und den Fernen
den Frieden zu verkünden,
die Menschen jeglicher Sprache und Herkunft
zu einer einzigen Familie zu vereinen.

Höre den einmütigen Aufschrei deiner Kinder,
das leidvolle Flehen der ganzen Menschheit:
Nie wieder Krieg,
das Abenteuer ohne Rückkehr,
nie wieder Krieg,
die Spirale der Trauer und der Gewalt!

Sprich zu den Herzen derer,
die über das Los der Völker entscheiden.
Gebiete Einhalt der Logik
der Vergeltung und der Rache,
gewähre unserer Zeit Tage des Friedens.

Papst Johannes Paul II. (1920–2005)

WENN DAS BROT
ALS ROSE BLÜHT

Wenn das Brot, das wir teilen, als Rose blüht
Und das Wort, das wir sprechen, als Lied erklingt;

Wenn das Leid jedes Armen uns Christus zeigt
Und die Not, die wir lindern, zur Freude wird;

Wenn die Hand, die wir halten, uns selber hält
Und das Kleid, das wir schenken, auch uns bedeckt;

Wenn der Trost, den wir geben, uns weiter trägt
Und der Schmerz, den wir teilen, zur Hoffnung wird;

Wenn das Leid, das wir tragen, den Weg uns weist
Und der Tod, den wir sterben, vom Leben singt,

Dann hat Gott unter uns schon sein Haus gebaut,
Dann wohnt er schon in unserer Welt.
Ja, dann schauen wir heut schon sein Angesicht
In der Liebe, die alles umfängt.

Elisabeth-Lied aus der DDR,
Claus-Peter März (1947–2021), deutscher Theologe

GEBET DER VEREINTEN NATIONEN

Herr, unsere Erde ist nur ein kleines
Gestirn im großen Weltall.

An uns liegt es, daraus einen Planeten
zu machen, dessen Geschöpfe nicht von
Kriegen gepeinigt werden, nicht von
Hunger und Furcht gequält, nicht zerrissen
in sinnlose Trennung nach Hautfarbe
oder Weltanschauung.

Gib uns den Mut und die Voraussicht,
schon heute mit diesem Werk zu beginnen,
damit unsere Kinder und Kindeskinder
einst mit Stolz den Namen Mensch
tragen.

Stephen Vincent Benét (1898–1943),
US-amerikanischer Schriftsteller

WERKZEUG DES FRIEDENS

Herr, mache mich zu einem Werkzeug
deines Friedens,
dass ich liebe, wo man hasst;
dass ich verzeihe, wo man beleidigt;
dass ich verbinde, wo Streit ist;
dass ich die Wahrheit sage, wo Irrtum ist;
dass ich Glauben bringe, wo Zweifel droht;
dass ich Hoffnung wecke, wo Verzweiflung quält;
dass ich Licht entzünde, wo Finsternis regiert;
dass ich Freude bringe, wo der Kummer wohnt.
Herr, lass mich trachten,
nicht, dass ich getröstet werde,
sondern dass ich tröste;
nicht, dass ich verstanden werde,
sondern dass ich verstehe;
nicht, dass ich geliebt werde,
sondern dass ich liebe.
Denn wer sich hingibt, der empfängt;
wer sich selbst vergisst, der findet;
wer verzeiht, dem wird verziehen;
und wer stirbt, der erwacht zum ewigen Leben.

Franz von Assisi (1181/2–1226),
Ordensgründer und Mystiker (Gebet wird ihm zugeschrieben)

NICHT,
WO UNRECHT GESCHIEHT

Du bist nicht
Gott
wo Unrecht geschieht
Es sei denn auf der Seite
der Benachteiligten

Du bist nicht
Gott
wo man auf Kosten anderer lebt
Es sei denn auf der Seite
der Armen

Du bist nicht
Gott
wo man die Güter des Lebens anhäuft
Es sei denn auf der Seite
der Ausgeschlossenen

Darum will ich dich suchen
in der Gerechtigkeit
und bei den Benachteiligten,
Armen,
Ausgeschlossenen.

Amen.

Anton Rotzetter (1936–2016),
Schweizer Kapuziner und Buchautor

WER SICH SELBST VERGISST

Wer schweigt, kann Gottes Wort hören.
Wer still wird, kann Gottes Ruf vernehmen.
Wer wach ist, kann Gottes Gegenwart spüren.
Wer sein Herz öffnet, kann Gott begegnen.
Wer seine Hände ausstreckt, kann Gott umarmen.
Wer sich selbst vergisst, vermag Gott zu lieben.

Wer schweigt, kann den Schrei der Armen hören.
Wer still wird, kann das Weinen
der Kinder vernehmen.
Wer wach ist, kann fremde Not spüren.
Wer sein Herz öffnet, kann anderen begegnen.
Wer seine Hände ausstreckt,
kann Menschen umarmen.
Wer sich selbst vergisst,
vermag die Nächsten zu lieben.

Erwin Kräutler (*1939),
Bischof und Missionar in Brasilien

WARTEN AUF ANERKENNUNG

Ihr Handy: ein letztes Band in ihre Heimat
Von Afrika setzen sie über ans europäische Ufer
betrogen um ihr Geld und ihre winzige Hoffnung
in lecken Booten dem Tode näher als dem Leben

Gerettet tragen Schiffe sie an Land
Und plötzlich sieht man sie in Parks
auf grünem Rasen oft Kinder noch
arbeitslos mit schlechtem Deutsch
Wohin verteilt man so viele Menschen
die keiner gewollt noch hergerufen
ihre Namen Zungenbrecher. uns fremd

Jahr um Jahr warten sie auf ihre Anerkennung
im Land der Vollbeschäftigung
und wissen nicht ob ihr Unglück
sie endlich flieht und einer sagt
mit Brief und Siegel

bleib hier – sei willkommen

Wilhelm Bruners (*1940),
deutscher Lyriker und Priester

GOTT ALLEIN – UND DU

Gott allein kann schaffen,
aber du kannst das Erschaffene zur Geltung bringen.
Gott allein kann Leben schenken,
aber du kannst es weitergeben und achten.
Gott allein kann Gesundheit schenken,
aber du kannst führen und heilen.
Gott allein kann den Glauben schenken,
aber du kannst dein Zeugnis geben.
Gott allein kann die Liebe schenken,
aber du kannst andere lieben lehren.
Gott allein kann den Frieden schenken,
aber du kannst Einheit stiften.
Gott allein kann die Freude schenken,
aber du allen dein Lächeln.
Gott allein kann Kraft geben,
aber du einen Entmutigten aufrichten.
Gott allein ist der Weg,
aber du kannst ihn den anderen zeigen.
Gott allein ist das Licht,
aber du kannst es in den Augen der anderen
zum Leuchten bringen.
Gott allein kann Wunder wirken,
aber du kannst fünf Brote und zwei Fische bringen.
Gott allein kann das Unmögliche,
aber du kannst das Mögliche tun.
Gott allein genügt sich selbst,
aber er hat es vorgezogen, auf dich zu zählen.

Gebet aus Brasilien

UNENDLICHE LIEBE

Herr aller Völker, Allmacht von Anfang an,
fleischgewordene Vergebung,
unendliche Liebe!

Stärke die Menschen auf allen Erdteilen
mit Ehrfurcht vor Deiner Schöpfung
und lass sie gegen Ausbeutung
und Zerstörung handeln.
Beschenke sie mit Eintracht,
damit kein Bruder seinem Bruder
den Frieden nimmt.
Schütze besonders die Verfolgten
und Ausgegrenzten.

Entschleunige unser Tun und
erinnere jene, die alles besitzen wollen,
dass Genügsamkeit unser Dasein reicher macht
und Gewinnsucht Mitmenschen ausbeutet,
ihnen Hunger und Krankheit beschert.

Gib der Kirche Jugend.

Verleihe dem Leben alle Macht
durch Gerechtigkeit und durch die Liebe.
Und möge jede Art von Liebe
Anerkennung und Schutz finden.

Lass mich Dir gefallen, weiter Brücken bauen und
Dir am Schluss meines kleinen Gebets danken.

Gery Keszler (*1963), langjähriger Organisator des Life Balls

DU GOTT
DES FRIEDENS,

sprachlos und ohnmächtig kommen wir zu Dir.
Viel zu lange schon tobt der Dämon des Krieges,
verbitterte Kämpfe, unzählige Flüchtende und Tote.
Erfolglos scheinen die Versuche zur Versöhnung.

In dieser heillosen Situation bitten wir Dich
um die Bekehrung jener, die Angst und
Terror verbreiten.
Wir beten um Kraft und Schutz für alle Bedrängten.
Wir erflehen Deinen Geist,
der eine Wende erwirken kann.

Im Namen all jener,
die im Kriegsgebiet ausharren müssen,
direkt betroffen, bedroht
oder in Kämpfe verstrickt sind:
Bereite dem Morden ein Ende
und lass endlich wahr werden –
das Wunder des Friedens
für unsere verwundete Welt!

Du Gott des Lebens,
des Trostes und der Verbundenheit,
wir vertrauen auf Dich,
weil jedes Gebet Dein Herz erreicht.
In der Gewissheit, dass Du alles
zum Guten wenden kannst,
loben wir Dich jetzt und in Ewigkeit. Amen.

Hermann Glettler (*1965), Bischof von Innsbruck

SELIG, DIE EIN
REINES HERZ HABEN

Selig, die im Glauben das Böse ertragen,
das andere ihnen antun, und von Herzen verzeihen.
Selig, die den Ausgesonderten und
an den Rand Gedrängten
in die Augen schauen und ihnen Nähe zeigen.
Selig, die Gott in jedem Menschen erkennen
und dafür kämpfen, dass andere auch
diese Entdeckung machen.
Selig, die das gemeinsame Haus der Schöpfung
schützen und pflegen.
Selig, die zum Wohl anderer auf
den eigenen Wohlstand verzichten.
Selig, die für die volle Gemeinschaft
der Christen beten und arbeiten.
Sie alle sind Überbringer
der Barmherzigkeit und der Zärtlichkeit Gottes
und werden sicher von ihm
den verdienten Lohn erhalten.

Papst Franziskus (*1936)

VERZEIH

Verzeih den halben Teller,
der im Müllsack gelandet ist,
wieder mal zu viel geschöpft,
Verzeih die weggeworfenen drei Fruchtjoghurts,
das Ablaufdatum hatte ich total übersehen,
Verzeih die zwei Chipstüten im Abfall,
zu spät erinnert, dass der Curry-Geschmack
überhaupt nicht mein Ding,
Verzeih den verfaulten Apfel,
ich hatte die letzten Tage einfach
keine Lust auf Obst.
Verzeih unsere Verschwendung!

Stephan Sigg (*1983), Schweizer Jugendbuchautor

ICH BEGANN ZU FRAGEN

Ich hatte eine Zeit,
da war ich blind.
Ich dachte, was alle dachten,
ich sagte, was alle sagten,
ich tat, was alle taten.

Da bin ich aufmerksam geworden.
Da merkte ich: vieles stimmt nicht.
Sie reden vom Sachzwang
und zerstören den Menschen.
Sie reden vom Frieden
und handeln mit Waffen.

Da begann ich zu fragen.
Wer ist schuld, dass die Welt
so ist, wie sie ist?
Wir? Niemand? Gott? Sonst wer?
Wer wird sie verändern?
Wir? Niemand? Gott? Sonst wer?
Wer tut etwas?
Wir? Niemand? Gott? Sonst wer?
Da begann ich zu fragen.
Ich begann zu beten.

Martin Gutl (1942–1994),
geistlicher Schriftsteller und Priester (Text gekürzt)

Liebe ist stärker

Heilung,
Neubeginn,
Segen

„Gott, du kennst mich. Was ich denke und tue, ist dir vertraut." Diese Worte aus dem Psalm 139 drücken die Gewissheit aus, dass Gott Bescheid weiß und uns in seine Arme schließen möchte. Das berühmte Gleichnis vom „Barmherzigen Vater" (Lk 15,11–32) erzählt davon. Wie darin der Vater seinen verlorenen Sohn umarmt, so umarmt Gott jeden, der zu ihm heimkommt. In dieser Umarmung geschieht Vergebung und Heilung – besonders für die alten seelischen Wunden, die viele mit sich herumschleppen.

Wer betet, bringt das Leben mit seinen vielfältigen Belastungen, inneren Kämpfe und Verwundungen zu Gott. Auch das Scheitern und Versagen muss nicht verborgen werden. Keine Lebenserfahrung ist dem Gott des Lebens fremd. Sein Herzschlag begleitet uns vom ersten bis zum letzten Augenblick unseres Lebens. Alles, was mit dem Heiligen in Berührung kommt, kann heil werden.

Bei einer Audienz begegnete Papst Franziskus einer Frau aus Spanien, die auf ihren 8-jährigen Sohn zeigte und sagte: „Heiliger Vater, vor acht Jahren war ich hier. Ich war damals schwanger und sie haben meinen Bauch gesegnet." Diese Worte haben Papst Franziskus derart gerührt, dass er sich dem Jungen zuwandte und mit freudiger Erregung fragte: „Weißt du, was Segnen bedeutet?" Ohne auf die Antwort zu warten, gab er sie selbst: „Segnen bedeutet, jemandem Hoffnung zusprechen!"

Segnen ist unser Auftrag – ob jung oder alt, Eltern die Kinder und umgekehrt. Eine in Gott begründete Hoffnung zusprechen! Ebenso verlangen Kranke und Liebende nach einem Segen und Menschen, die Abschied nehmen oder eine große Herausforderung vor sich haben. Im Segnen wird Gottes Nähe erfahrbar. Durch einfache Gebete und Zeichen schenkt er seinen Frieden – wie damals, als der Auferstandene die verängstigten Jünger mit einem „Shalom!" überraschte. Sie haben erfahren, dass seine Liebe stärker ist als der Tod.

SAG JA ZU MIR

Sag Ja zu mir, wenn alles Nein sagt,
weil ich so vieles falsch gemacht.
Wenn Menschen nicht verzeihen können,
nimm du mich an trotz aller Schuld.

Uns ist das Heil durch dich gegeben,
denn du warst ganz für andere da.
An dir muss ich mein Leben messen,
doch oft setz ich allein das Maß.

Gib mir den Mut, mich selbst zu kennen,
mach mich bereit zu neuem Tun.
Und reiß mich aus den alten Gleisen;
ich glaube, Herr, dann wird es gut.

Denn wenn du Ja sagst, kann ich leben;
stehst du zu mir, dann kann ich gehen,
dann kann ich neue Lieder singen
und selbst ein Lied für andre sein.

Tu meinen Mund auf, dich zu loben,
und gib mir deinen neuen Geist.

Diethard Zils (*1935),
deutscher Dominikaner

DENNOCH – DU

In der Einsamkeit – Du
Denn Du beugst dich
herunter zu mir
Wenn ich keinen Menschen habe
und im Kummer Löcher grabe

Dennoch – Du

Denn Du ziehst mich
aus dem brodelnden Loch meiner Klage
wenn meine Worte kein offenes Ohr gefunden
und ich umsonst gewacht
in nächtlichen Stunden

Dennoch – Du

Denn Du lauschst auf meine Worte
und achtest auf mein Seufzen
wenn niemand mir in die Augen sieht
Nähe und Zuwendung flieht

Dennoch – Du

Dorothea Steigerwald (1918–2014),
deutsche Künstlerin und evangelische Diakonisse

DER SCHÖNSTE TAG

Der schönste Tag? – Heute.

Das größte Hindernis? – Die Angst.

Das Leichteste? – Sich irren.

Die Wurzel aller Übel? – Der Egoismus.

Die schönste Zerstreuung? – Die Arbeit.

Die schlimmste Niederlage? – Die Mutlosigkeit.

Die besten Lehrer? – Die Kinder.

Die erste Notwendigkeit? – Sich mitteilen.

Was mich am glücklichsten macht?

– Nützlich für andere sein.

Der schlimmste Fehler? – Die schlechte Laune.

Das gemeinste Gefühl? – Rache und Groll.

Das schönste Geschenk? – Das Verständnis.

Das Unentbehrlichste? – Das Daheim.

Das wohltuendste Empfinden? – Der innere Frieden.

Die beste Lösung? – Der Optimismus.

Die stärkste Kraft der Welt? – Der Glaube.

Das Schönste auf der Welt? – Die Liebe.

Text auf einem Poster im Mutter-Teresa-Haus in Kalkutta

BITTE UM INNERE HEILUNG

Vater im Himmel,
du hast mir das Leben gegeben,
das größte Geschenk.
Bis ins Detail und voller Liebe
hast du mich erdacht und geformt.
Danke für die Wertschätzung und Würde,
die von dir kommt.
Heile meine Selbstzweifel,
befreie mich vom Herumnörgeln
an mir selbst und von der Sucht,
mich mit anderen zu vergleichen.
Für immer darf ich deine geliebte Tochter,
dein geliebter Sohn sein.

Jesus Christus, barmherziger Herr,
ich danke dir für die Vergebung,
die du schenkst.
Keine Schuld ist zu groß für dich.
So will auch ich allen vergeben,
die mich im Laufe des Lebens verletzt haben.
Ich denke an meine Eltern, Geschwister,
Lehrer, Vorgesetzte und viele andere.
Auch meinerseits gab es Lieblosigkeit und Härte.
Dein heilsames Wirken macht innerlich frei.
Auf erlittenes Unrecht möchte ich nicht mehr
mit Anklage oder Selbstmitleid reagieren.

Gott, Heiliger Geist,
ich danke dir für den Weg,
den du mich führst.
Heile mich von allen Wunden des Misstrauens
sowie von allen Neigungen
zu Resignation und Verzweiflung.
Lass mich deine Liebe immer tiefer erkennen
und deine unaufdringliche Begleitung
bewusster annehmen.
Sei du die Zuversicht,
die wir alle zum Leben brauchen.
Amen.

Leo Tanner (*1953),
Schweizer Pfarrer und Exerzitienleiter

SEGENSGEBET

Der Herr sei vor dir,
um dir den rechten Weg zu zeigen.

Der Herr sei neben dir,
um dich in die Arme zu schließen
und dich zu schützen.

Der Herr sei hinter dir,
um dich zu bewahren vor der
Heimtücke böser Menschen.

Der Herr sei unter dir,
um dich aufzufangen,
wenn du fällst.

Der Herr sei mit dir,
um dich zu trösten,
wenn du traurig bist.

Der Herr sei um dich herum,
um dich zu verteidigen,
wenn andere über dich herfallen.

Der Herr sei über dir,
um dich zu segnen.

So segne dich der gütige Gott,
heute und morgen und immer.

Irisches Segensgebet

SEGEN FÜR PAARE

Wenn euer Leben blüht
wie der Frühling,
sei ER wie der Vogel,
der von der Liebe singt.

Wenn die Stürme
des Lebens euch entgegenwehen,
sei ER das Haus,
in dem ihr geborgen seid.

Wenn ihr die Fülle
des Lebens genießt,
sei ER wie die Sonne,
die euch wärmt.

Wenn dunkle Schatten
über euch hereinbrechen,
sei ER das Licht in eurer Mitte.

Wenn das Leben euch einlädt
zum Tanz,
sei ER die Musik, die euch bewegt.

Wenn eure Schritte müde werden,
sei ER der Boden, der euch trägt.

So begleite euch der große Gott
durch alle Jahreszeiten
eures Lebens.

Kerstin Schmale (*1965),
deutsche Pädagogin und Autorin

LASS MICH
VERFÜGBAR SEIN

Herr, segne meine Hände,
dass sie behutsam seien,
dass sie halten können, ohne zur Fessel zu werden,
dass sie geben können ohne Berechnung,
dass ihnen innewohnt die Kraft zu trösten
und zu segnen.

Herr, segne meine Augen,
dass sie Bedürftigkeit wahrnehmen,
dass sie das Unscheinbare nicht übersehen,
dass sie hindurchschauen durch
das Vordergründige,
dass andere sich wohlfühlen können
unter meinem Blick.

Herr, segne meine Ohren,
dass sie deine Stimme zu erhorchen vermögen,
dass sie hellhörig seien für die Stimme der Not,
dass sie verschlossen seien
für Lärm und Geschwätz,
dass sie das Unbequeme nicht überhören.

Herr, segne meinen Mund,
dass er dich bezeuge,
dass nichts von ihm ausgehe,
was verletzt und zerstört,
dass er heilende Worte spreche,
dass er Anvertrautes bewahre.

Herr, segne mein Herz,
dass es Wohnstatt sei deinem Geist,
dass es Wärme schenken und bergen kann,
dass es reich sei an Verzeihung,
dass es Leid und Freude teilen kann.

Lass mich dir verfügbar sein, mein Gott,
mit allem, was ich habe und bin.

Antje Sabine Naegeli (*1948),
Psychotherapeutin und Theologin

GOTTES HAND
ÜBER DIR

Möge dein Weg dir freundlich entgegenkommen,
Wind dir den Rücken stärken,
Sonnenschein deinem Gesicht viel Glanz
und Wärme geben.
Der Regen möge deine Felder tränken
und Gott möge seine Hand schützend
über dich halten.

Irischer Reisesegen

MIT LEEREN HÄNDEN

Ich steh vor dir mit leeren Händen, Herr;
fremd wie dein Name sind mir deine Wege.
Seit Menschen leben, rufen sie nach Gott;
mein Los ist Tod, hast du nicht andern Segen?
Bist du der Gott, der Zukunft mir verheißt?
Ich möchte glauben, komm mir doch entgegen.

Von Zweifeln ist mein Leben übermannt,
mein Unvermögen hält mich ganz gefangen.
Hast du mit Namen mich in deine Hand,
in dein Erbarmen fest mich eingeschrieben?
Nimmst du mich auf in dein gelobtes Land?
Werd ich dich noch mit neuen Augen sehen?

Sprich du das Wort, das tröstet und befreit
und das mich führt in deinen großen Frieden.
Schließ auf das Land, das keine Grenzen kennt,
und lass mich unter deinen Söhnen leben.
Sei du mein täglich Brot, so wahr du lebst.
Du bist mein Atem, wenn ich zu dir bete.

Huub Oosterhuis (1933–2023), niederländischer Dichter

SEGEN FÜR TRAUERNDE

Gott segne deine Augen,
dass du weinen kannst
und nicht in der Kälte der Trauer
erstarren musst.

Gott segne deinen Mund,
damit du Worte findest
für deine Trauer, deinen Schmerz.

Gott segne dein Herz,
dass deine Erinnerung sein wird
wie ein Nest,
in dem du dich bergen kannst.

Gott sieht und hört dich,
Gott tröstet und befreit dich,
Gott erweckt unseren Tod
zu neuem Leben.

Ida Lamp (*1961), deutsche Hospizseelsorgerin

DU GOTT
DER ANFÄNGE

Du Gott der Anfänge, segne uns,
wenn wir deinen Ruf hören,
wenn deine Stimme lockt
zu Aufbruch und Neubeginn.

Du Gott der Anfänge, behüte uns,
wenn wir loslassen und Abschied nehmen,
wenn wir dankbar zurückschauen
auf das, was hinter uns liegt.

Du Gott der Anfänge,
lass dein Gesicht leuchten über uns,
wenn wir in Vertrauen und Zuversicht
einen neuen Schritt wagen
auf dem Weg unseres Glaubens.

Du Gott der Anfänge,
schenke uns Frieden,
wenn der eigene Weg uns aufwärts führt,
wenn wir Lebewohl sagen.

Lass die Blumen für jeden von uns blühen,
lass Wind uns den Rücken stärken
und die Sonne warm auf das Gesicht scheinen,
wo immer wir gehen.

Du Gott der Anfänge, segne uns.

Irisches Segensgebet

GOTT DES LEBENS UND DER LIEBE

Wenn unsere Beziehung am seidenen Faden hängt,
halte uns mit der Tragkraft deiner Liebe.

Wenn wir alle Äußerungen auf die Goldwaage legen,
lege uns in die Ausgeglichenheit deiner Liebe.

Wenn wir mit unseren Bemühungen
an der Kippe stehen,
bewahre uns im Gleichgewicht deiner Liebe.

Wenn wir mit Streit und Debatten
auf des Messers Schneide sind,
entschärfe uns mit der Barmherzigkeit deiner Liebe.

Wenn wir längst erschöpft
auf dem Zahnfleisch daherkommen,
kräftige uns mit der Ausdauer deiner Liebe.

Wenn wir trotz vieler Ratschläge
aus dem letzten Loch pfeifen,
singe uns die Melodie deiner Liebe.

In deiner Liebe wollen wir bleiben – für immer!

Jakob und Barbara Kabas (*1966, 1970),
Ökonom und Pastoralreferentin

BESSER GEHT'S NICHT

Wenn ich kurz einmal zurückblicke –
wie viele Sorgen und Bedenken im Voraus,
und doch hat sich alles bestens gefügt.
Besser geht's nicht!

Wenn ich an die vielen Ängste denke –
totales Versagen schon befürchtet im Voraus,
und nichts von dem, das Gegenteil geschah.
Besser geht's nicht!

Wenn ich mich an die Widerstände erinnere –
die mutlosen, dunklen Stimmen im Voraus,
und keine von ihnen hatte dann recht.
Besser geht's nicht!

Wenn ich also jetzt schon Dir vertraue –
und wage zu glauben, zu hoffen im Voraus,
mein Gott, wie viel Gutes wird letztlich geschehen.
Besser geht's nicht!

Hermann Glettler (*1965),
Bischof von Innsbruck

AM ENDE DES JAHRES

Segne mich, Herr, am Ende dieses Jahres,
segne auch das, was in diesem Jahr
unvollendet, bruchstückhaft
geblieben ist.

Segne all die Menschen,
denen ich in diesem Jahr begegnet bin,
nicht immer im Guten,
aber doch oft mit guten Absichten.

Segne all das, was ich geschaffen
in diesem letzten Jahr,
und lass mich dankbar zurückblicken
auf all das Gute,
auf die Herausforderungen,
auf das Glück.

Segne das, was ich in diesem Jahr
nicht gemacht habe
und was so bleiben darf.
Segne auch das,
was ich wieder von Neuem
in Angriff nehmen möchte.

Segne dieses ganze vergangene Jahr.
Ich möchte mit Liebe darauf zurückblicken
und das Schwere zurücklassen,
es aber nicht vergessen,
sondern wandeln
in Kraft und Zuversicht
für das neue, das kommende Jahr.

Maria Radziwon (*1982), katholische Theologin und Bergbäuerin

Online mit Gott

Gebete und Texte
für junge Leute

Beten: Online mit Gott! Mit ihm verbunden sein, verlässlich *in seinem Netz*. Kommunikation jederzeit möglich. Kein Stress beim Einstieg. Wie beim Chatten braucht es nicht viele Worte, auch keine hundertprozentig richtige Schreibweise oder Aussprache. Die Verbundenheit zählt! Jedes Gebet vermittelt die Gewissheit: *Du gehörst dazu!* Im vertrauten Bild gesprochen: Mit jeder WhatsApp-Nachricht, mit jeder SMS, die wir Gott „schicken", verstärkt sich die Verbundenheit mit ihm.

Für Jesus ist die Freundschaft enorm wichtig. Er bietet sie uns an. Für ihn sind wir nicht irgendwelche Leute oder nur Nummern in einer Masse. Die hier gesammelten Gebete sind deshalb Gespräche wie mit einem Freund oder einer Freundin. Sie regen an, die eigenen Gedanken zu formulieren – alles, was Freude bereitet, aber auch das, was uncool ist und wehtut. Wie in einer guten Freundschaft hat alles Platz.

Aber was ist mit jenen, die sich ausgeschlossen fühlen? Oder tatsächlich ausgeschlossen sind? Nicht im Netz zu sein, fühlt sich nicht nur für Kids schrecklich an – keine Infos, keine Updates? Keine lustige Erfahrung. Einsamkeit und die Angst, abgehängt zu sein oder etwas nicht zu schaffen, treibt auch Erwachsene um. Ein Gebet ist der Versuch, sich in das Netz Gottes wieder einzuklicken – eine permanente Übung. Langsam wächst das Vertrauen, letztlich die Gewissheit: *Du bist nicht allein!*

Ein Kind hat mich einmal gefragt, ob man mit Gott auch kuscheln kann. Ja, klar! Gute Gebete vermitteln Geborgenheit. Wer zu Gott kommt, taucht in den Schutzraum seines Herzens und lässt den verdammten Stress einmal draußen. Aber zugleich erzeugen gute Gebete auch eine wichtige Unruhe. Sie machen uns bewusst, dass Gott uns sendet, um sein Wort und seine Gerechtigkeit bekannt zu machen. Er braucht unsere Kreativität, unser Herz und unsere Hände. Alles klar?

MIT DIR GEH ICH

Mit Dir geh ich alle meine Wege,
mit Dir bin ich alles, was ich bin:
Enge, Weite, Nähe, Licht und Dunkel,
alles, Vater, führt mich zu Dir hin.

Mit Dir geh ich alle meine Wege,
mit Dir wag ich jeden neuen Schritt,
manchmal fragend und nur im Vertrauen:
Du bist da, gehst alle Wege mit.

Mit Dir geh ich alle meine Wege,
mit Dir nehm ich jeden neuen Tag,
wie er kommt aus Deinen guten Händen,
denn Du gibst ihm, was er fassen mag.

Mit Dir geh ich alle meine Wege,
mit Dir sag ich immer neu mein Ja.
Kann ja doch nicht anders, als Dich lieben,
bist Du mir mit Deinem Segen nah.

Kathi Stimmer-Salzeder (*1957),
deutsche Liedermacherin

TROTZDEM

Die Leute sind unvernünftig, unlogisch
und selbstbezogen,
liebe sie trotzdem.
Wenn du Gutes tust, werden sie dir egoistische
Motive und Hintergedanken vorwerfen,
tue trotzdem Gutes.
Wenn du erfolgreich bist, gewinnst du
falsche Freunde und echte Feinde,
sei trotzdem erfolgreich.
Das Gute, das du tust, wird morgen vergessen sein,
tue trotzdem Gutes.
Ehrlichkeit und Offenheit machen dich verwundbar,
sei trotzdem ehrlich und offen.
Was du in jahrelanger Arbeit aufgebaut hast,
kann über Nacht zerstört werden,
baue trotzdem.
Deine Hilfe wird wirklich gebraucht,
aber die Leute greifen dich vielleicht an,
wenn du ihnen hilfst,
hilf ihnen trotzdem.
Gib der Welt dein Bestes,
und sie schlagen dir die Zähne aus,
gib der Welt trotzdem dein Bestes.

Kent M. Keith (*1949), US-amerikanischer Autor

WEIT NACH VORNE

Gib allen, die keine Stimme haben,
das beste Mikrofon,
damit sie meilenweit zu hören sind
und das ganze Land beschallen,
damit endlich keinem mehr entgeht,
was hier falsch läuft.
Schieb alle, die nie beachtet werden,
ins Scheinwerferlicht,
damit niemand mehr einfach so
an ihnen vorübergeht.
Schick allen, deren dreißigste Bewerbung
erfolglos war,
ein Bewerbungsdossier, das das beste
in den Schatten stellt.
Überweise allen, deren Ideen
für eine bessere Welt zu teuer sind, Millionen,
damit sie unsere Welt besser machen können.
Schenk allen, die verzweifelt an den Grenzen Einlass
verlangen, die klügsten Anwälte,
damit ihnen die Staaten endlich
Aufenthalt gewähren.
Bring alle, die jetzt noch ganz unten
und hinten sind,
ganz weit nach oben, ganz weit nach vorne!

Stephan Sigg (*1983), Schweizer Jugendbuchautor

WEINEN

Wenn meine Mama weint,
dann gehe ich zu ihr hin
und frage sie, warum.

Wenn mein Papa weint,
traue ich mich nicht so richtig
zu ihm zu gehen.

Wenn meine Schwester weint,
frage ich sie, ob sie sich
wehgetan hat.

Wenn ich weine, kommen alle drei,
um nach mir zu sehen
und mich zu trösten.

Manchmal singen wir dann miteinander.
Lieder von Liebe, Wärme und Geborgenheit,
Lieder von Gott.

Mathias Jeschke (*1963),
deutscher Lyriker und Bilderbuchautor

STEH AUF UND GEH!

Steh auf, der du enttäuscht bist.
Steh auf, der du keine Hoffnung mehr hast.
Steh auf, der du an die Eintönigkeit gewöhnt bist
und nicht mehr glaubst, dass man
Neues schaffen kann.
Steh auf, denn Gott ist daran,
„alle Dinge neu zu schaffen"!
Steh auf, der du dich
an die Gaben Gottes gewöhnt hast.
Steh auf, der du die Fähigkeit
zu staunen verlernt hast.
Steh auf, der du das Vertrauen verloren hast,
Gott „Vater" zu nennen.
Steh auf und beginne wieder voller Bewunderung für
die Güte Gottes zu sein.
Steh auf, der du leidest.
Steh auf, wenn es dir scheint,
dass das Leben dir viel verweigert hat.
Steh auf, wenn du dich ausgeschlossen,
verlassen, beiseitegeschoben fühlst.
Steh auf, denn Christus
hat dir seine Liebe gezeigt und
hält für dich die Verwirklichung
einer unverhofften Möglichkeit bereit.
Steh auf!
Steh auf und geh!

Papst Johannes Paul II. (1920–2005)

WELTSTAUNEN

Heute staune ich über die Welt
über den Baum, der Äpfel hält
über die Blume, die rosig riecht
über die Schnecke, die schüchtern kriecht
über den Stein, der geduldig liegt
über den Falter, der gaukelnd fliegt
über die Wolken, die lautlos schweben
und bin dankbar –
dankbar für mein Leben

Lena Raubaum (*1984), österreichische Autorin und Schauspielerin

JESUS, HILF ALLEN

Jesus, hilf allen, die leiden,
wie die Menschen,
die eine Naturkatastrophe erlebt haben.
Viele sind dadurch sehr arm geworden
und müssen nun betteln gehen.
Sie werden verachtet
und sind immer hungrig.

Jesus, segne und beschütze sie,
damit sie nicht verzweifeln.
Hilf ihnen, diese Prüfung zu überstehen.
Amen.

Yosita Marie aus Indonesien

ZU HAUSE SEIN

Im Innern bist du wie ein Haus
mit vielen Zimmern.
Für vieles hast du Platz,
vor allem sehr viel Raum für Menschen,
die du magst,
mit allem, was sie mögen.

Was du nicht leiden kannst,
das stopfst du in die Rumpelkammer,
die gibt es auch in diesem deinem Haus,
die musst du manchmal lüften und durchstöbern.
Und manchen alten Kram
kannst du beherzt verbrennen.

Ein Zimmer hältst du für die Flöte frei,
eins nur zum Schauen und zum Stillsein.

Im innersten Zimmer aber wohnt Gott.
Seine Tür steht offen.
Du kannst hineingehen, wann du willst,
bei ihm zu Hause sein.

Lene Mayer-Skumanz (*1939),
österreichische Schriftstellerin

JEDEM EINEN FREUND

Schenk allen Kraft,
die gerade einsam sind,
die aus dem Fenster starren
auf das Leben, das draußen vorbeirauscht.
Die nicht wissen, wohin
mit sich, dem Leben, dem Abend.
Und die niemanden haben,
der auf sie wartet,
der für sie kocht,
der sich im Kino neben sie setzt,
der sie zum Pizzaessen einlädt,
schenk jedem einen Freund.

Stephan Sigg (*1983), Schweizer Jugendbuchautor

FREUDE

Lieber Gott –
Ich könnte „zerspringen" vor Freude!
Mein Herz macht kleine Luftsprünge,
ich komme ganz außer Atem –
ich möchte die ganze Welt umarmen.
Danke, dass es mir so gut geht,
danke für deine Hilfe.

Lieber Gott: Das Leben ist schön!

Gerald Gump (*1969), österreichischer Priester

UNTER DEINEN FLÜGELN

Unter deinen Flügeln kuschle ich mich ein.
Weiß, dass du mir nah bist, immer für mich da bist,
lieber Engel mein.

Sage dir vorm Schlafen das, was ich bereu!
Ich kann dir erzählen, wenn mich Sorgen quälen
und wenn ich mich freu.

Brauch nicht Angst zu haben, denn du bist ja hier.
Bist zu allen Zeiten, auch in Schwierigkeiten,
wie ein Freund zu mir.
Niemand kann dich sehen, und doch gibt es dich.

Mein Gefühl, es trügt nicht,
und mein Herz, es lügt nicht:
Du bist da für mich.

Unter deinen Flügeln kuschle ich mich ein.
Weiß, dass du mir nah bist, immer für mich da bist,
lieber Engel mein.

Gerhard Schöne (*1952),
deutscher Liedermacher

ZWISCHENDURCH-GEBETE FÜR DIE SCHULE

* Schüre in uns die Lust am Lernen
  und gib uns Mut zu Wissenslücken.

* Lass nicht zu, dass Misserfolge
  Schüler oder Lehrer hart und bitter
  und verzagt machen.

* Bewahre uns davor,
  uns gegenseitig zum Weg des geringsten
  Widerstandes zu verleiten.

* Schenke uns Ideen und Energien
  und genügend Spaß,
  dass unser grauer Alltag bunt
  und lebendig wird.

* Sei du mit deinem Geist bei uns,
  wenn wir für Gerechtigkeit
  und um unsere Freizeit kämpfen.

* Gib uns die Einsicht – gerade in Prüfungszeiten,
  dass unsere Welt nicht nur
  aus Formeln, Grammatik
  und Lernstoff besteht.

* Hilf uns, solidarisch und rücksichtsvoll
  miteinander zu leben.

* Mache die Lehrer bereit,
  auch von den Schülern zu lernen.

* Gib uns den Mut zum Fragen,
  wo wir manches nicht verstanden haben,
  wo uns etwas zu einfach und fraglos scheint
  und ob das alles ist, was wir fürs Leben brauchen.

Christian Haidinger (*1944), österreichischer Benediktiner

UNSER TEAM BRAUCHT DICH!

Schweiß unser Team zusammen:
Anna mit ihrem Mut zum Risiko,
Sandra, die nie den Überblick verliert,
Marie, der es meistens gelingt,
unsere letzten Reserven zu aktivieren,
Nicole, die immer alle rechtzeitig warnt,
Lenas Gelassenheit, die sich
durch nichts erschüttern lässt.
Erst als Team liefern wir das Beste.
Mach aus unseren Einzel-Talenten
ein funktionierendes Ganzes!

Stephan Sigg (*1983),
Schweizer Jugendbuchautor

GEDULD, BITTE!

Auf den Mond mit meinem störrischen Knie!
Warum gerade jetzt diese Verletzung?
Wirft mich um Wochen zurück!
Zwangspause, sagt der Arzt,
ich sage: Totaler Mist!
Könnte mir die Haare ausreißen!
Mach mich ganz schnell wieder gesund,
schenk mir aber die nötige Geduld,
damit mein Körper zur Ruhe kommt.

Stephan Sigg (*1983),
Schweizer Jugendbuchautor

NACH DEM STREIT

Versöhnender Gott,
ich habe mich mit jemandem gestritten!
Wir haben uns gegenseitig wehgetan,
wir wollten uns nicht verstehen,
wir haben uns Sachen gesagt,
die wir nicht so meinten.

Jetzt tut es mir leid,
aber um Entschuldigung bitten ist schwer.

Guter Gott,
gib uns Kraft zum Versöhnen.
Mut, den ersten Schritt zu tun,
unseren Stolz zu überwinden
und um Vergebung zu bitten.

Heile du die Wunden, die wir uns zugefügt haben,
und zeige uns, wie man sich nach einem Streit
wieder gernhaben kann.

Katharina Jordan (*1986),
österreichische Pastoralassistentin

MACH MEIN HERZ WEIT

Mein Gott und Erlöser,
mit allem, was mir auf dem Herzen liegt,
darf ich zu dir kommen.
Du bist der Einzige, vor dem ich bedenkenlos alles,
was mich bedrückt, sagen kann.
Oft verkrampft sich mein Herz vor lauter Angst –
Angst vor dem Leben.
Zeitweilig bin ich fest davon überzeugt,
dass ich den vielen Anforderungen
nicht gewachsen bin.
Ich fühle mich schwach und fürchte mich
vor dem Versagen.
Neue Versuchungen fordern mich heraus,
und nicht selten erliege ich ihnen.
Schlechte Gewohnheiten und Neigungen
halten mich oft so gefangen,
dass ich unfähig bin,
einen klaren Gedanken zu fassen.
Alles übergebe ich dir und lege es in deine Hände,
damit du mich von allem Bösen erlöst und
zum ewigen Leben führst.
Ziehe meine Seele zu dir und mache mein Herz weit.

Peter Dyckhoff (*1937), deutscher Psychologe und Priester

Im Rhythmus des Herzens

Rosenkranz –
mit Maria beten lernen

––––––––––––

In aller Unsicherheit und Nervosität unserer Zeit ist der *Rosenkranz* ein Gebet zum Anhalten. Die traditionelle Gebetsschnur nimmt man in die Hand, um mit Maria, der Mutter Jesu, ins Gebet einzutauchen. Die genaue äußerliche Anleitung hilft beim Loslassen von allen möglichen Sorgen. Im Laufe des Gebetes findet das Herz seinen Rhythmus. Auch die noch so wirren Gedanken kommen langsam zur Ruhe.

Bei jedem der fünf *Gesätzchen* wird zehnmal das *Gegrüßet seist du, Maria* gebetet und bei der Nennung des Namens Jesu ein Ereignis seines Lebens, man nennt es ein „Geheimnis", angefügt. Somit steht Jesus selbst, der Bruder und Herr aller Menschen, in der Mitte dieser uralten marianischen Gebetsform. Das Rosenkranzgebet öffnet einen Raum der Betrachtung, in dem es nicht mehr um das eigene Tun geht, sondern um das, was Gott durch Jesus „für uns" getan hat.

In dieser Gebetsanleitung finden sich noch weitere Marien-Gebete. Die junge Frau von Nazareth hat in radikaler Weise dem Wort Gottes in sich Raum gegeben. Sie war die vertrauensvoll Hörende, als ihr der Engel gesagt hat: „Der Herr ist mit dir, du wirst schwanger werden!" (Lk 1,30f) Ihr uneingeschränktes Ja zum Plan Gottes ist für uns eine bleibende Herausforderung. Im Gebet geht es nicht um die Verwirklichung der eigenen Vorhaben, sondern um ein bewusstes Hören und Akzeptieren dessen, was Gott vorhat.

Last, but not least: Jedes Gebet ist eine persönliche Kommunikation mit Gott und zugleich ein Einstimmen in ein weltweites Beten. Es gehört zur katholischen Tradition, dass wir uns über alle nationalen und kulturellen Grenzen hinweg im Gebet miteinander verbinden – speziell auch in den *Hochgebeten* der Eucharistie. Diese irdische Verbundenheit der Gläubigen wird ergänzt durch die Verbundenheit mit all jenen, die bereits bei Gott sind. Denn beim Gebet sind die Heiligen, ja der ganze Himmel, live dabei!

GEGRÜSSET SEIST DU, MARIA

Gegrüßet seist du, Maria,
voll der Gnade,
der Herr ist mit dir.
Du bist gebenedeit unter den Frauen,
und gebenedeit ist die Frucht deines Leibes, Jesus.
Heilige Maria, Mutter Gottes,
bitte für uns Sünder jetzt
und in der Stunde unseres Todes.
Amen.

SALVE REGINA

Sei gegrüßt, o Königin,
Mutter der Barmherzigkeit,
unser Leben, unsre Wonne
und unsre Hoffnung, sei gegrüßt!
Zu dir rufen wir verbannte Kinder Evas;
zu dir seufzen wir
trauernd und weinend in diesem Tal der Tränen.
Wohlan denn, unsre Fürsprecherin,
wende deine barmherzigen Augen uns zu,
und nach diesem Elend zeige uns Jesus,
die gebenedeite Frucht deines Leibes.
O gütige, o milde, o süße Jungfrau Maria!

Marianische Antiphon, 11. Jahrhundert

DER ENGEL DES HERRN (ANGELUS)

Der Engel des Herrn brachte Maria die Botschaft,
und sie empfing vom Heiligen Geist.

Gegrüßet seist du, Maria …

Maria sprach: Siehe, ich bin die Magd des Herrn;
mir geschehe nach deinem Wort.

Gegrüßet seist du, Maria …

Und das Wort ist Fleisch geworden und
hat unter uns gewohnt.

Gegrüßet seist du, Maria …

Bitte für uns, heilige Gottesmutter, dass wir würdig
werden der Verheißungen Christi.

Lasset uns beten: Allmächtiger Gott,
gieße Deine Gnade in unsere Herzen ein.
Durch die Botschaft des Engels haben wir die
Menschwerdung Christi, Deines Sohnes, erkannt.
Lass uns durch sein Leiden und Kreuz
zur Herrlichkeit der Auferstehung gelangen.
Darum bitten wir durch Christus, unsern Herrn.
Amen.

MARIA, FRAU DES HÖRENS

Maria, Frau des Hörens,
lass unsere Ohren offen sein;
lass uns das Wort deines Sohnes Jesus
unter den tausend Worten dieser Welt heraushören;
lass uns auf die Wirklichkeit, in der wir leben, hören,
auf jeden Menschen, dem wir begegnen,
und besonders auf den armen, den bedürftigen
und den, der in Schwierigkeiten ist.

Maria, Frau der Entscheidung,
erleuchte unseren Verstand und unser Herz,
damit wir dem Wort deines Sohnes Jesus
ohne Zögern zu gehorchen wissen;
gib uns den Mut zur Entscheidung,
dazu, uns nicht mitreißen zu lassen,
so dass andere unser Leben bestimmen.

Maria, Frau des Handelns,
lass unsere Hände und Füße zu den anderen „eilen",
um die Liebe deines Sohnes Jesus zu bringen,
um wie du das Licht des Evangeliums
in die Welt zu tragen.
Amen.

Papst Franziskus (*1936)

DER ROSENKRANZ

Kreuzzeichen, „Ehre sei dem Vater ...",
Glaubensbekenntnis;
„Vaterunser" und „Gegrüßet seist du, Maria"
mit Einfügungen:
... der in uns den Glauben vermehre
... der in uns die Hoffnung stärke
... der in uns die Liebe entzünde

Jedes „Geheimnis", in dem ein Ereignis aus dem
Leben Jesu im Zentrum steht, wird mit dem „Vater
unser" eingeleitet.
Dann folgen jeweils zehn Perlen: „Gegrüßet seist du,
Maria ..." und die jeweiligen Geheimnisse.
Sie schließen mit dem „Ehre sei dem Vater ..." ab.

DIE FREUDENREICHEN GEHEIMNISSE
... Jesus, den du, o Jungfrau, vom Heiligen Geist
    empfangen hast
... Jesus, den du, o Jungfrau, zu Elisabeth getragen
    hast
... Jesus, den du, o Jungfrau, zu Bethlehem geboren
    hast
... Jesus, den du, o Jungfrau, im Tempel aufgeopfert
    hast
... Jesus, den du, o Jungfrau, im Tempel wiederge-
    funden hast

DIE LICHTREICHEN GEHEIMNISSE

… Jesus, der von Johannes getauft worden ist

… Jesus, der sich bei der Hochzeit von Kana offenbart hat

… Jesus, der uns das Reich Gottes verkündet hat

… Jesus, der auf dem Berg verklärt worden ist

… Jesus, der uns die Eucharistie geschenkt hat

DIE SCHMERZHAFTEN GEHEIMNISSE

… Jesus, der für uns Blut geschwitzt hat

… Jesus, der für uns gegeißelt worden ist

… Jesus, der für uns mit Dornen gekrönt worden ist

… Jesus, der für uns das schwere Kreuz getragen hat

… Jesus, der für uns gekreuzigt worden ist

DIE GLORREICHEN GEHEIMNISSE

… Jesus, der von den Toten auferstanden ist

… Jesus, der in den Himmel aufgefahren ist

… Jesus, der uns den Heiligen Geist gesandt hat

… Jesus, der dich, o Jungfrau, in den Himmel aufgenommen hat

… Jesus, der dich, o Jungfrau, im Himmel gekrönt hat

ROSENKRANZ-VARIATIONEN

Neben den bekannten Rosenkranz-Gesätzen kann man für bestimmte Anliegen eigene Formulierungen wählen. Hier einige Beispiele:

Zum Aufbau einer Gemeinschaft:
... Jesus, der uns als Gemeinschaft stärkt
... Jesus, der unsere versöhnende Mitte ist
... Jesus, der Einheit in Vielfalt schenkt
... Jesus, der in Konflikten Türen öffnet
... Jesus, der uns zur Offenheit befähigt

In schwierigen Situationen:
... Jesus, der sich von menschlicher Not
    berühren lässt
... Jesus, der tröstend und stärkend für alle da ist
... Jesus, der für Unterdrückte Partei ergreift
... Jesus, der stets einen Neubeginn schenkt
... Jesus, der für uns alle beim Vater eintritt

In Krankheit und Bedrängnis:
... Jesus, der von inneren Belastungen befreit
... Jesus, der in der Ohnmacht beisteht
... Jesus, der den Kranken Hoffnung schenkt
... Jesus, der aufrichtet und heilt
... Jesus, der zum neuen „Ja" ermutigt

In den Herausforderungen unserer Zeit:

... Jesus, der uns Licht und Orientierung gibt

... Jesus, der allen Menschen Zukunft schenkt

... Jesus, der vor Verzweiflung bewahrt

... Jesus, der uns zu geistvollem Tun ermutigt

... Jesus, der den wahren Frieden bringt

Gebet für Momente des Abschieds:

... Jesus, dessen Trost jedes Herz erfüllt

... Jesus, dem wir unsere Verstorbenen anvertrauen

... Jesus, der uns ewige Zukunft verheißen hat

... Jesus, der in seiner Güte alles verwandeln kann

... Jesus, der uns mit ewiger Freude überrascht

ROSENKRANZ
DER ACHTSAMKEIT

Jesus, der uns Menschen zu Geschwistern macht
  In jedem Hilfe-Suchenden, in jeder Fragenden, ja
  im Gesicht jedes Menschen begegnet uns Jesus
  selbst: „Was ihr den Geringsten getan habt, das
  habt ihr mir getan." (Mt 25,40)

Jesus, der die Tränen aller Geschöpfe weint
  Die Schöpfung stöhnt – tödlich belastet durch
  unsere unersättliche Gier nach immer mehr.
  Wie lange noch? Im Leiden aller Geschöpfe finden
  sich die Tränen Jesu.

Jesus, der uns vergibt und heilt
  Gott hat uns sein gutes Werk anvertraut, damit wir
  es hüten, verwalten und unzerstört weitergeben.
  Diesem Auftrag sind wir nicht gerecht geworden.
  Wir brauchen Vergebung und Heilung.

Jesus, dessen Geist uns bewegt und führt
  Versteckte Ängste, Bequemlichkeit und platter
  Zeitgeist bestimmen zu oft unser Tun. Wir
  brauchen Gottes Geist, damit er uns inspiriert
  und uns vor Resignation bewahrt.

Jesus, der uns allen Frieden schenkt
  Unendlich viel Hass, Terror und Krieg. Dennoch:
  Durch sein Sterben am Kreuz hat Jesus das Böse
  entmachtet. Ergreifen wir seinen Frieden, um
  Anwälte von Versöhnung zu sein.

Hermann Glettler (*1965), Bischof von Innsbruck,
und Jutta Katharina Kiechl (*1957), Künstlerin

UNTER DEINEN SCHUTZ UND SCHIRM

Unter deinen Schutz und Schirm fliehen
wir, o heilige Gottesgebärerin;
verschmähe nicht unser Gebet in
unseren Nöten,
sondern erlöse uns jederzeit von
allen Gefahren.

O du glorreiche und gebenedeite
Jungfrau,
unsere Frau, unsere Mittlerin,
unsere Fürsprecherin.

Versöhne uns mit deinem Sohne,
empfiehl uns deinem Sohne,
stelle uns vor deinem Sohne.

Mariengebet aus dem 3./4. Jahrhundert

Unerhört unfromm?

Gottvoll mit
Suchenden und Zweiflern

Viele Gebete „passieren" unbewusst – einfach so zwischendurch, ungeschönt und ungereimt. Wenn das Leben unerwartet fragwürdig geworden ist, entstehen sie ganz unwillkürlich. Meist ist dann keine Zeit für schöne Formeln und Rituale. Ist auch nicht notwendig. Es geht nicht um das fromme Mascherl! Außerdem liebt Gott eine ehrliche, direkte Ansage – mit gestylten Worten und langen Hymnen lässt er sich ohnehin nicht gerne beeindrucken.

Papst Franziskus hat zu einem seiner atheistischen Freunde einmal gesagt: „Bete für mich und wenn du nicht betest, dann sende mir zumindest gute Vibes." Darauf bekam er die Antwort: „Vorerst sende ich dir gute Vibes." Gute Schwingungen zu verschicken, ist eine einfache, „weltliche" Art des Betens, aber äußerst liebevoll. Beten heißt, die Verbundenheit untereinander stärken – ein starker Ausdruck für Liebe. Darauf kommt es an, ob wir religiös sind oder nicht.

Auch Streitgespräche mit der „höheren Macht" haben ihre Bedeutung. Gott ist kein leicht zu kränkendes oder rasch beleidigtes Ego. Er fällt buchstäblich nicht aus den Wolken, wenn der Mensch seine unfrommen Gedanken zum Himmel schleudert. Entscheidend ist die Absicht des Herzens, das innere Ringen. Ich bin auch überzeugt, dass zweifelnd fragende Menschen ein Segen für jene sind, für die scheinbar alles klar zu sein scheint. Die Fragen öffnen den Himmel.

Jedes Gebet, auch das theologisch bestens durchkomponierte Gebet, wird immer ein Stückwerk bleiben, ein mühsames Stammeln und Stottern. Selbst die geübten Beter und Beterinnen fangen immer wieder von vorne an – und gehen in die Stille. Auch ihnen fehlen die Worte, die wirklich in die Tiefe reichen und dem Geheimnis des Lebens auf die Spur kommen. Letztlich zählt immer die Liebe. Die folgenden Texte sind ein Mix kritischer Gedanken und Gebete, die in die Tiefe führen.

DU SPRENGST
ALLE BILDER

Du lässt mich zu dir kommen,
egal, wie ich bin und was ich getan habe.
Du lässt mich nicht verloren gehen.
Du gehst hinter mir her.
Du suchst mich, bevor ich es weiß.
Du wartest auf mich, wenn ich wegrenne.
Du machst dich nicht groß.
Du machst mich nicht klein.
So bist du und viel mehr.
Du bist alles und bist es auch nicht.
Du bist mehr und anders. Es sind nur Bilder.
Tastversuche zu dir hin. Du aber sprengst alle Bilder.
Alles, was du von Gott sprichst, ist falsch.

Meister Eckhart (1260–1321), Dominikaner und Mystiker

ERSCHÖPFUNGSGEBET

Mein Gott, ich liebe dich nicht.
Ich will es nicht einmal.
Ich bin deiner überdrüssig.
Vielleicht glaube ich überhaupt nicht an dich.
Aber sieh auf mich im Vorübergehen.
Wenn du Lust hast, dass ich an dich glaube,
dann gib mir den Glauben.
Wenn du Wert darauf legst,
dass ich dich liebe,
dann gib mir die Liebe.
Ich habe von all dem nichts,
und ich kann nichts dazu tun.
Ich gebe dir, was ich habe, meine Schwäche,
meinen Schmerz
und diese Zärtlichkeit, die mich peinigt
und die du wohl siehst.
Das Elend meines Zustands –
das ist alles –
und meine Hoffnung.

Marie Noël (1883–1967), französische Dichterin

WEGE

Wie viele Wege –
führen zu dir
Abkürzungen.
Wendeltreppen.
Sprünge.
Klettersteige.
Umwege.
Wanderungen.
Stürze.
Tunnels.
Höhlengänge.
Purzelbäume.
Flüge.
Auf allen vieren,
im Rollstuhl
gekrochte Wege
und Wege des aufrechten Gangs.
Wir bekennen
unsere Schuld,
dass wir aus deiner Nähe
ein Problem machen:
in welcher Reihenfolge
und Uniform
wir davon reden dürfen.

Gottfried Bachl (1932–2020),
österreichischer Theologe und Autor

MACH UNS UNRUHIG, O HERR

Mach uns unruhig, o Herr,
wenn wir allzu selbstzufrieden sind;
wenn unsere Träume sich erfüllt haben,
weil sie allzu klein und eng und beschränkt waren,
wenn wir uns im sicheren Hafen
bereits am Ziel wähnen,
weil wir allzu dicht am Ufer entlang segelten.

Mach uns unruhig, o Herr,
wenn wir über die Fülle der Dinge, die wir besitzen,
den Durst nach den Wassern
des Lebens verloren haben;
wenn wir, verliebt in diese Erdenzeit,
aufgehört haben, von der Ewigkeit zu träumen;
wenn wir über all den Anstrengungen,
die wir in den Aufbau der neuen Erde investieren,
unsere Vision des neuen Himmels
verblassen ließen.

Rüttle uns auf, o Herr,
damit wir kühner werden
und uns hinauswagen auf das weite Meer,
wo uns die Stürme deine Allmacht offenbaren,
wo wir mit schwindender Sicht auf das Ufer
die Sterne aufleuchten sehen.

Im Namen dessen, der die Horizonte
unserer Hoffnungen weit hinausgeschoben
und die Beherzten aufgefordert hat,
Ihm zu folgen.

Gebet von Basisgemeinden auf den Philippinen

DEN GLAUBEN VERLIEREN

Wie oft muss man den Glauben verlieren
den amtlichen
den aufgeblasenen
den einherstolzierenden
den lebensversichernden
den Glauben – von hier bis dahin –
um den einzigen zu finden
den unverglühten, grünen
den, der einfach eine
Begegnung im Dunkeln ist
da Ungewissheit zur Gewissheit wird
zum wahren, weil unglaublichen Glauben.

Jan Twardowski (1951–2006), polnischer Priester und Lyriker

GOTTES SACHE IST ES

Ich weiß wohl, dass er mich nicht liebt.
Wie könnte er mich auch lieben?
Und doch, in meinem Innersten ist etwas,
ein Punkt meines Ichs, das, zitternd vor Angst,
nicht aufhören kann zu denken,
dass er mich vielleicht, trotz allem, liebt.
Es ist nicht meine Sache, an mich zu denken.
Meine Sache ist es, an Gott zu denken.
Gottes Sache ist es, an mich zu denken.

Simone Weil (1909–1943),
jüdisch-französische Philosophin und Mystikerin

VERRÜCKT NACH GOTT

vorwärts und rückwärts gebetet
in felsen gehauen
in sand geschrieben
oft nur ein buchstabe
oder ein pfeil
drei noten
noch keine melodie
immer unvollendet. ein torso
geahnt und erinnert
nur umrisse sichtbar
doch auch die noch unklar
nie zu ende gedacht

würden wir IHN
verschweigen
vergessen

wir liefen ins leere

Wilhelm Bruners (*1940), deutscher Lyriker und Priester

WAS HABEN WIR
AUS DIR GEMACHT?

Du Herr, dessen Macht vollkommen
in dem demütigsten Elan der Liebe aufgeht,
was haben wir aus dir gemacht?

Einen Buchhalter, einen Kassierer, der das Geld für
verkaufte gute Taten ausbezahlt.
Einen rächenden und fluchenden Zauberer.
Einen Krämer, der an Frömmler kleine Schnitten
des Paradieses verkauft.

Ich kenne Gott nicht, aber Gott kennt mich:
darin besteht die Hoffnung.
Warum denn verzweifeln, wo so viel Himmel
über uns ist?

Raoul Follereau (1903–1977), französischer Schriftsteller

GOTT IST GANZ ANDERS

vergiss alle Eigenschaftswörter
verbrenn alle Bilder
schreib ihn nicht fest
trau keinem Namen
feilsche nicht
rechne nicht
mit dem Berechenbaren

nimm Abschied von deinen
Erwartungen
und lass dich überraschen
gib deiner Sehnsucht Raum
aber fessele ihn nicht

alle Versuche dir deinen Hausgott
zu basteln sind vergebens
Gott ist ganz anders
aber er sucht dich wenn du dich
finden lässt
er findet dich wenn du ihn suchst

Andrea Schwarz (*1955),
deutsche Sozialpädagogin und Schriftstellerin

HERR,
WENN ES DICH GIBT

ich kann nicht beten,
ich kann nicht danken,
ich kann nicht glauben.
Ich kann nur versuchen,
jedem menschlichen Geschöpf,
das mich braucht,
meine Liebe zu zeigen
und nach Wahrheit und Gerechtigkeit
zu suchen – das ist mein Gebet.
Ich kann nur versuchen,
neben meinem Bruder,
den die Menschen verachteten,
zu stehen,
um mit ihm verachtet zu werden –
das ist mein Dank.

Nelly Sachs (1891–1970),
jüdische deutsch-schwedische Schriftstellerin

DUNKLER SEGEN

Segne auch du uns
dunkler Gott
du
der sich geheimnisvoll
unserem Begreifen entzieht
der sein Antlitz vor uns verbirgt
unser Fragen mit Schweigen beantwortet

segne auch du uns
dunkler Gott
du
der du Zumutung und
Herausforderung bist
dessen Tun unergründlich bleibt
dessen Handeln sich unserem Denken entzieht

segne auch du uns
dunkler Gott
der sich abwendet von uns
der uns alleine lässt
der uns leiden lässt
der uns verwirrt und beunruhigt

segne du uns
du dunkler Gott
du abwesender
schweigender
unfassbarer
harter
namenloser
segne uns

dunkler Gott
damit wir Mut haben
das Dunkel in uns wahrzunehmen
dem eigenen Abgrund zu trauen
der Nacht zu glauben
uns auf den Grund zu gehen

segne uns
dunkler Gott
indem du Einsamkeiten nicht nimmst
Sicherheiten erschütterst
Hoffnungen nicht erfüllst
Pläne durchkreuzt
Sehnsucht nicht stillst

segne uns
dunkler Gott
indem du unsere Träume verjagst
unsere Bilder zerreißt
Geborgenheiten entlarvst
Erwartungen zerstörst
zum Aufbruch zwingst

segne uns
du dunkler Gott
segne den Aufbruch
segne den Weg
und bleibe
dunkler treuer
Wegbegleiter

Andrea Schwarz (*1955), deutsche Sozialpädagogin und Schriftstellerin

WIR MÜSSEN DIR HELFEN, GOTT

Es sind schlimme Zeiten, mein Gott. Heute Nacht geschah es zum ersten Mal, dass ich mit brennenden Augen schlaflos im Dunkeln lag und viele Bilder menschlichen Leidens an mir vorbeizogen. Ich verspreche dir etwas, Gott, nur eine Kleinigkeit: Ich will meine Sorgen um die Zukunft nicht als beschwerende Gewichte an den jeweiligen Tag hängen, aber dazu braucht man eine gewisse Übung. Jeder Tag ist für sich selbst genug. Ich will dir helfen, Gott, dass du mich nicht verlässt, aber ich kann mich von vornherein für nichts verbürgen. Nur dies eine wird mir immer deutlicher: dass du uns nicht helfen kannst, sondern dass wir dir helfen müssen, und dadurch helfen wir uns letzten Endes selbst. Es ist das einzige, auf das es ankommt: ein Stück von dir in uns selbst zu retten, Gott. Und vielleicht können wir mithelfen, dich in den gequälten Herzen der anderen Menschen auferstehen zu lassen [...]. Und mit fast jedem Herzschlag wird mir klarer, dass du uns nicht helfen kannst, sondern dass wir dir helfen müssen und deinen Wohnsitz in unserem Inneren bis zum Letzten verteidigen müssen.

Etty Hillesum (1914–1943),
jüdisch-niederländische Lehrerin, NS-Opfer

WER DU BIST

Heute Nacht würde ich
dich, Gott, so gerne finden,
während wir alle tanzen und alle eins sind,
mitten auf dem Dancefloor, mitten in der Menge
dass sich plötzlich alle Scheinwerfer
auf dich richten,
dass die Musik plötzlich stoppt,
damit endlich dieses Kopfzerbrechen vorüber ist,
diese endlosen Diskussionen,
ob du ein alter, weiser Mann bist
oder doch eine junge Frau oder gar beides
damit wir endlich wissen, wer du bist,
wie du bist, wie du sprichst
und warum wir alle hier sind.
Sei heute Nacht mitten im Club bei uns –
wann zeigst du dich?

Stephan Sigg (*1983), Schweizer Jugendbuchautor

DEM UNBEKANNTEN

Noch einmal, eh' ich weiterziehe und meine Blicke vorwärts sende, heb' ich vereinsamt meine Hände zu dir empor, zu dem ich fliehe, dem ich in tiefster Herzenstiefe Altäre feierlich geweiht, dass allezeit mich deine Stimme wieder riefe. Darauf erglüht tief eingeschrieben das Wort: Dem unbekannten Gott.

Sein bin ich, ob ich in der Frevler Rotte auch bis zur Stunde bin geblieben: Sein bin ich – und ich fühl' die Schlingen, die mich im Kampf darnieder ziehen und, mag ich fliehen, mich doch zu seinem Dienste zwingen.

Ich will dich kennen, Unbekannter, du tief in meine Seele Greifender, mein Leben wie ein Sturm Durchschweifender, du Unfassbarer, mir Verwandter! Ich will dich kennen, selbst dir dienen.

Friedrich Nietzsche (1844–1900), deutscher Philosoph

HÖRST DU MICH, GOTT?

Niemals habe ich in meinem Leben mit dir
gesprochen. Aber heute will ich dich grüßen.
Du weißt, dass man mir von meiner frühesten Jugend
an sagte, dass du nicht existierst, und ich war so
dumm, es zu glauben. Noch nie habe ich
die Schönheit deiner Schöpfung zur Kenntnis
genommen, und erst heute habe ich
diese Schönheit erkannt, als sich plötzlich
ein Abgrund vor mir öffnete: der sternenfunkelnde
Himmel über mir … Es ist ein Wunder, dass ich in der
Tiefe einer furchtbaren Hölle das Licht leuchten sah
und dass ich dich sehen konnte.

Gebet eines gefallenen Soldaten

MÖGLICHKEIT
ALLER MÖGLICHKEITEN

Wer Gott aufgibt,
löscht die Sonne aus,
um mit einer Laterne weiterzuwandern.
Es ist eines der tiefsten Worte:
Bei Gott ist kein Ding unmöglich.
Gott ist die Möglichkeit aller Möglichkeiten.

Christian Morgenstern (1871–1914), deutscher Dichter

NICHTS

Was würgt uns
um Mitternacht?
Wann bleibt das Herz stehen?
Wo setzt das Denken aus?
Wenn wir in deiner Schöpfung
das Loch erblicken,
das ins Nichts führt.

Gottfried Bachl (1932–2020),
österreichischer Theologe und Autor

EINE WELT OHNE CHRISTUS

Selbst die allerschlechteste christliche Welt würde
ich der besten heidnischen vorziehen,
weil es in einer christlichen Welt Raum gibt für die,
denen keine heidnische Welt je Raum gab:
für Krüppel und Kranke, Alte und Schwache,
und mehr noch als Raum für sie: Liebe für die,
die der heidnischen wie der gottlosen Welt nutzlos
erschienen und erscheinen …
Ich glaube an Christus, und ich glaube,
dass 800 Millionen Christen* das Antlitz dieser Erde
verändern können. Und ich empfehle es
der Nachdenklichkeit und Vorstellungskraft
der Zeitgenossen, sich eine Welt vorzustellen,
auf der es Christus nicht gegeben hätte.
Ich glaube, dass eine Welt ohne Christus
selbst die Atheisten zu Christen machen würde.

Heinrich Böll (1917–1985), deutscher Schriftsteller
*der Text erschien 1958, heute gibt es ca. 2,2 Milliarden Christen

Über den Tellerrand hinaus

Gebete und Impulse
aus anderen Religionen

Seit es Menschen gibt, beten sie – meist dankbar für die vielen Wunder des Lebens, aber ebenso oft, um die vielen Ängste und Bedrängnisse aller Art zu überwinden. Unbeherrschbare Naturgewalten und bedrohliche Abgründe lassen sich nicht wegdiskutieren. Wir erleben dies in neuer Intensität. Und von innen her treibt uns nicht minder eine Sehnsucht, über alles Materielle, Messbare und Machbare hinaus zu fragen, zu hoffen – und zu beten. Beten gehört zum Herzschlag des Menschseins.

Ich bin überzeugt, dass jedes ehrliche Gebet, aus welcher Kultur und Religion auch immer es kommt, das Herz Gottes erreicht, jede spontane Danksagung und jede Anrufung. Der *Hörgott* ist ein Gott aller Menschen! Am schönsten hat es der Apostel Paulus auf dem Areopag in Athen vor dem Altar zum „Unbekannten Gott" formuliert: „In ihm leben wir, bewegen wir uns und sind wir" (Apg 17,28). Gott ist uns ganz innerlich und unfassbar fremd zugleich. Der Dialog mit ihm bleibt ein Abenteuer.

Die hier vorliegenden spirituellen Impulse sind ein Hinweis auf die Fülle an Gebeten, die es im religiösen Schatz der Menschheitsgeschichte gibt. Die kleine Auswahl ist Ausdruck der Wertschätzung für alles, was in den unterschiedlichen Religionen „wahr und heilig ist" (Zweites Vatikanisches Konzil). Die Begegnung mit diesen Texten wird Zustimmung, aber auch „ungläubiges Staunen" (Navid Kermani) auslösen. Wie auch immer. Es geht um eine größere Aufmerksamkeit, Offenheit und Herzensweitung.

Sich vom Zeugnis gläubiger Menschen aus anderen religiösen Traditionen berühren zu lassen, kann zum Geschenk werden – und bestimmt auch zum Anstoß, das Kostbare im eigenen Glauben neu zu entdecken. Für mich ist dies Gottes leidenschaftliche Liebe, die keinen Menschen ausschließt.

DER DAS SEIENDE SCHUF

Du bist der Einzige, der das Seiende schuf,
der Einzige, der allein war, als er alles Wesen schuf,
aus dessen Augen die Menschen herauskamen,
auf dessen Mund die Götter entstanden,
der das Kraut für die Herden schuf
und den Lebensbaum für die Menschen;
der hervorbringt, wovon die Fische im Strom leben
und die Vögel, die am Himmel dahinfliegen;
der dem Küken im Ei Luft gibt,
und der das Junge der Schlange ernährt;
der schafft, wovon die Mücken leben,
und ebenso die Würmer und Flöhe;
der schafft, wessen die Mäuse
in ihren Löchern bedürfen,
und der die Vögel in jedem Baum ernährt.
Heil Dir, der dies alles schuf, einzig und allein,
Vielarmiger,
der die Nacht durchwacht, während alle Welt schläft,
indem er das Vortrefflichste für sein Getier sucht.
Amun, dauernd in allen Dingen. Atum, Harachti!

Hymne an den Gott Amun-Atum, Ägypten, ca. 3. Jahrtausend v. Chr.

GOTTESLOB AUS ÄGYPTEN

Heilig ist Gott, der Vater aller Dinge.
Heilig ist Gott, dessen Wille von
den eigenen Kräften erfüllt wird.
Heilig ist Gott, der erkannt werden will und
von den Seinen erkannt wird.
Heilig bist du, der durch sein Wort
alles erschaffen hat.
Heilig bist du, dessen Abbild die ganze Natur ist.
Heilig bist du, dem nicht die Natur
seine Gestalt gegeben hat.
Heilig bist du, der stärker ist als jede Kraft.
Heilig bist du, der erhabener ist als alles Erhabene.
Heilig bist du, der größer ist als unsere Loblieder.
Nimm hin von Seele und Herz,
die sich zu dir emporrecken,
die heiligen, geistigen Opfer,
du Unaussprechlicher, Unsagbarer,
der im Schweigen angerufen wird.

Aus der antiken Sammlung
„Corpus Hermeticum", 2./3. Jahrhundert

ACHTSAMKEIT

Achte auf Deine Gedanken,
denn sie werden Worte.
Achte auf Deine Worte,
denn sie werden Handlungen.
Achte auf Deine Handlungen,
denn sie werden Gewohnheiten.
Achte auf Deine Gewohnheiten,
denn sie werden Dein Charakter.
Achte auf Deinen Charakter,
denn er wird Dein Schicksal.

Aus dem Talmud (jüdisches Lehrbuch), 2./3. Jahrhundert

EIN ERDBEBEN

Gott ist nicht nett,
Gott ist kein Onkel,
Gott ist ein Erdbeben.

Abraham Joshua Heschel (1907–1972),
US-amerikanischer Rabbiner und Religionsphilosoph

HÖRE, ISRAEL

Höre, Israel, der Ewige ist unser Gott,
der Ewige ist einzig.
Du sollst den Ewigen, deinen Gott,
lieben mit deinem ganzen Herzen,
deiner ganzen Seele und deiner ganzen Kraft.
Diese Worte, die ich dir heute befehle,
seien in deinem Herzen, schärfe sie deinen Kindern
ein und sprich davon, wenn du in deinem Haus
sitzest, und wenn du auf dem Weg gehst,
wenn du dich niederlegst, und wenn du aufstehst.
Binde sie zum Zeichen an deine Hand,
sie seien zum Stirnschmuck zwischen deinen Augen.
Schreibe sie an die Pfosten
deines Hauses und deiner Tore.

„Schma Jisrael", jüdisches Glaubensbekenntnis, Dtn 6,4–9

FÜR DEN FRIEDEN

Möge es dir wohlgefällig sein,
Ewiger, unser Gott und Gott unserer Vorfahren,
dass du die Welt von Krieg und
Blutvergießen befreist
und stattdessen einen großen und wunderbaren
Frieden in der Welt verbreitest,
dass keine Nation mehr das Schwert
gegen eine andere Nation erhebt
und keine Nation mehr den Krieg lernt.

Mögen alle Bewohner der Erde nur
die volle Wahrheit anerkennen und um sie wissen,
dass wir in diese Welt nicht um des Haders und
der Zwietracht willen gekommen sind
 – wovor Gott bewahre –
und nicht um des Hasses, der Eifersucht,
der Aufreizung und des Blutvergießens willen,
was Gott verbiete.

Vielmehr sind wir in die Welt gekommen,
um die anzuerkennen und dich zu kennen.
Mögest du gepriesen sein für immer.

Jüdisches Friedensgebet

ALL DAS ANDERE
NICHT MEHR

Wenn ich in einer Ecke des Lagers stehe,
die Füße auf deiner Erde, das Gesicht zu deinem
Himmel erhoben, dann laufen mir manchmal die
Tränen über das Gesicht, entsprungen aus
einer inneren Bewegtheit und Dankbarkeit,
die nach einem Ausweg sucht.

Auch abends, wenn ich im Bett liege und in dir ruhe,
mein Gott, rinnen mir manchmal die Tränen
der Dankbarkeit übers Gesicht, und das ist
mein Gebet [...]. Ich kämpfe nicht gegen dich,
mein Gott, mein Leben ist
ein großes Zwiegespräch mit dir.

Ich fühle mich tief in dir geborgen, mein Gott.
Ich möchte zwar manchmal kleine Weisheiten und
vibrierende kleine Geschichten in Worte prägen,
aber ich komme immer wieder bald auf ein und
dasselbe Wort zurück: Gott, darin ist alles enthalten,
und dann brauche ich all das andere
nicht mehr zu sagen.

Etty Hillesum (1914–1943),
jüdisch-niederländische Lehrerin, NS-Opfer

KEINER GLEICHT DIR

Gott,
nie lausche ich auf die Stimme eines Tieres oder
das Rauschen eines Baumes,
das Sprudeln von Wasser oder
den Sang eines Vogels,
das Brausen des Windes oder
das Dröhnen des Donners,
ohne zu finden, dass sie
Deine Einzigartigkeit bezeugen
und darauf hinweisen,
dass es keinen gleich Dir gibt,
dass Du der Herrscher bist,
der nicht beherrscht werden kann,
der Weise, der keine Unwissenheit kennt,
der Milde, der nicht entehrt,
der Gerechte, der nicht grausam ist,
der Vertrauenswürdige, der nicht lügt!

Dhū n-Nūn al-Misrī (796–859),
islamischer Sufi-Mystiker aus Ägypten

DU BIST IN ALLEM
DAS GANZE

In meinem Herzen kreisen
alle Gedanken um Dich,
Anderes spricht nicht die Zunge
als meine Liebe zu Dir.
Wenn ich nach Osten mich wende,
strahlst Du im Osten mir auf.
Wenn ich nach Westen mich wende,
stehst vor den Augen Du mir.
Wenn ich nach oben mich wende,
bist Du noch höher als dies.
Wenn ich nach unten mich wende,
bist Du das Überall hier.
Du bist, der allem den Ort gibt,
aber Du bist nicht sein Ort.
Du bist in allem das Ganze,
doch nicht vergänglich wie wir.
Du bist mein Herz, mein Gewissen,
bist mein Gedanke, mein Geist,
Du bist der Rhythmus des Atmens,
Du bist der Herzknoten mir.

Al-Hallädsch (857–922),
persischer Dichter und Sufi-Mystiker

LEITE UNS
DEN RECHTEN WEG

Lobpreis sei Allah,
dem Herrn der Welten,
dem barmherzigen Erbarmer,
dem Herrscher am Tage des Gerichts!
Dir dienen wir, und dich bitten wir um Hilfe!
Mein erster Schrei richtete sich an dich,
mein erster Ruf, mein Gesang und mein Gebet.
Mein Menschsein, meine Schwäche,
meine Ängste, mein Leid, meine Freude –
sie alle führen mich zu dir.
Leite uns den rechten Weg!
Amen

Abualwafa Mohammed (*1981),
islamischer Religionspädagoge

SEIN LOB

Selig der Ort und das Haus und der Platz und
die Stadt und das Herz
und der Berg und das Obdach und
die Höhle und das Tal und das Land
und das Meer und die Insel und die Au,
wo Gottes gedacht und Sein Lob gepriesen wird.

Bahā'ullāh (1817–1892), Gründer der Bahai Religion

O GROSSER GEIST,

dessen Stimme ich in den Winden vernehme
und dessen Atem der ganzen Welt Leben spendet,
höre mich.
Ich trete vor dich hin
als eines deiner vielen Kinder.
Ich bin klein und schwach.
Ich bedarf deiner Kraft und Weisheit.
Lass mich in Schönheit wandeln
und lass meine Augen immer den roten
und purpurnen Sonnenuntergang schauen.
Lass meine Hände die Dinge verehren,
die du gemacht hast,
und meine Ohren deine Stimme hören.
Schenke mir Weisheit,
damit ich die Dinge, die du mein Volk gelehrt hast,
und die Lehre, die du in jedem Blatt und jedem Felsen
verborgen hast, erkennen kann.
Nicht um meinen Brüdern überlegen zu sein,
suche ich Kraft,
sondern um meinen größten Feind
bekämpfen zu können – mich selbst.
Mache mich immer bereit,
mit reinen Händen und geradem Blick
zu dir zu kommen,
damit mein Geist,
wenn einst mein Leben verblaßt
wie die untergehende Sonne,
zu dir kommen kann.

Abendgebet nordamerikanischer Ureinwohner (Sioux)

DEINE HAND FÜHLEN

Lass mich nicht bitten,
vor Gefahr bewahrt zu werden,
sondern ihr furchtlos zu begegnen;
lass mich nicht
das Ende der Schmerzen erflehen,
sondern das Herz, das sie besiegt;
lass mich nicht in Sorge und Furcht
um Rettung rufen,
sondern hoffen, dass ich Geduld habe,
bis meine Freiheit errungen ist.
Gewähr mir,
dass ich kein Feigling sei,
der deine Gnade nur im Erfolg erkennt;
lass mich aber
den Halt deiner Hand fühlen,
wenn ich versage.

nach Rabindranath Tagore (1861–1941),
hinduistischer Dichter, Philosoph und Musiker

FÜNF VORSÄTZE
FÜR DEN TAG

Ich will bei der Wahrheit bleiben.
Ich will mich keiner Ungerechtigkeit beugen.
Ich will frei sein von Furcht.
Ich will keine Gewalt anwenden.
Ich will in jedem zuerst das Gute sehen.

Mahatma Gandhi (1869–1948),
indischer Politiker und Friedenskämpfer

DER UNFASSBARE

Wir schauen nach ihm und sehen ihn nicht:
Er ist der Unkennbare.
Wir horchen nach ihm und hören ihn nicht:
Er ist der Unvernehmbare.
Wir greifen nach ihm und fassen ihn nicht:
Er ist der Unfassbare.
Seines Wesens Dreiheit ist nicht zu trennen;
sie ist nur ineinander verschlungen
als Einheit zu erkennen.
Seine Oberfläche ist nicht klar,
seine Tiefe nicht undurchdringbar.
Ewig wirkend, kann man ihn doch nicht benennen.
Er reicht bis ins Wesenlose zurück.
Er heißt: des Gestaltlosen Gestalt,
des Bildlosen Bild.
Er heißt: das Unfassbar-Geheimnisvolle.
Man geht ihm entgegen und
findet seinen Anfang nicht.
Man folgt ihm und findet sein Ende nicht.
Wer den Geist der alten Meister versteht,
beherrscht seine Zeit,
und durch ihn aller Zeiten Uranfänglichkeit.
Das heißt des Geistes unendliche Kette.

Laozi (ca. 4. Jahrhundert v. .Chr.),
chinesischer Philosoph

WUNDERVOLLER AUGENBLICK

Während ich einatme, bin ich mir bewusst:
Ich atme ein.
Während ich ausatme, bin ich mir bewusst:
Ich atme aus.

Während ich einatme, spüre ich:
Mein Einatmen wird tiefer.
Während ich ausatme, spüre ich:
Mein Ausatmen wird länger.

Während ich einatme, beruhige ich mich.
Während ich ausatme, fühle ich mich erleichtert.
Während ich einatme, lächle ich.
Während ich ausatme, lasse ich los.

Während ich einatme, verweile ich
im gegenwärtigen Augenblick.
Während ich ausatme, fühle ich:
Dies ist ein wundervoller Augenblick.

Thích Nhất Hanh (1926–2022),
buddhistischer Mönch, Vietnam

GEBETE NACH STICHWORTEN

QUELLENVERZEICHNIS

S. 12, 15, 17, 49, 50, 62, 63, 96, 101, 109, 114, 122, 127, 139, 140, 141: Alle Bibelverse entnommen aus: Einheitsübersetzung der Heiligen Schrift © 2016 Katholische Bibelanstalt GmbH, Stuttgart. Alle Rechte vorbehalten.

S. 52, 57, 70, 152, 153, 163, 191, 205: © Dicastero per la Comunicazione – Libreria Editrice Vaticana

S. 11: Martin Gutl, Ich bin bei dir. Styria-Verlag, Graz, Wien, Köln, 2001, © Karl Mittlinger

S. 13: T: Hans-Jürgen Netz, M: Christoph Lehmann, aus: Exodus, 1979. Alle Rechte im tvd-Verlag Düsseldorf

S. 19: Anton Rotzetter, Gott, der mich atmen lässt, © 2016 Verlag Herder GmbH, Freiburg i. Br.

S. 21: © Hermann Glettler

S. 22: Madeleine Delbrêl, Wir Nachbarn der Kommunisten. Diagnosen. Einführung von Jacques Loew, übertragen von Hans Urs von Balthasar, Johannes Verlag Einsiedeln 1975, S. 68

S. 23: © Margit Rotter

S. 24: T: Thomas Laubach, Winfried Pilz, M: Thomas Nesgen, Quelle: Ökumenischer Kreuzweg der Jugend, alle Rechte im tvd-Verlag Düsseldorf, 1990

S. 25: © Michael Lehofer

S. 29: Stephan Sigg, Echt Zeit. Neue Gebete für junge Menschen, Verlag Tyrolia, Innsbruck 2012

S. 32: Carola Moosbach, Ins leuchtende Du. Aufstandsgebete und Gottespoesie, von Carola Moosbach, Bärbel Fürsinn und Aurica Jax (Hg.), Berlin 2021, S. 113, © bei der Autorin

S. 32: © Günther Beck, Lustige Tischgebete, www.wortschmied.com

S. 33 (unten): Petra Hillebrand, aus: Kathrin Wexberg (Hg.), Immer mal wieder zum Himmel schauen. Gebete für Kinder mit Bildern von Michael Rohrer, Verlag Tyrolia, Innsbruck 2023

S. 34: Reinhard Abeln / Anton Kner, Neue Tischgebete. Bildtextheft. © 2001 Lahn-Verlag in der Butzon & Bercker GmbH, Kevelaer

S. 34: Klemens Nodewald, Das Herz öffnen. Gedanken und Gebete zur Berufung und Sendung der Christen © Echter Verlag, Würzburg 2008, S. 16

S. 36: © Martin Frank Riederer

S. 38: Andrea Schwarz, aus: Gundula Kühneweg, Herders Großes Buch der Gebete, © 2009 Verlag Herder GmbH, Freiburg i. Br.

S. 39: Anton Rotzetter, Gott, der mich atmen lässt, © 2016 Verlag Herder GmbH, Freiburg i. Br.

S. 40: Anselm Grün, Heilsame Worte, © 2016 Verlag Herder GmbH, Freiburg i. Br.

S. 41: Stephan Sigg, Echt Zeit. Neue Gebete für junge Menschen, Verlag Tyrolia, Innsbruck 2012

S. 45: Martin Gutl, In vielen Herzen verankert. Seine schönsten Texte, Styria-Verlag, Graz, Wien, Köln, 2020, © Karl Mittlinger

S. 46: Klaus Bannach: Gebete gegen die Angst, © 1982 by Radius-Verlag, Stuttgart

S. 48: Gottfried Bachl, feuer wasser luft erde, neue psalmen, Verlag Tyrolia, Innsbruck 2011

S. 49: Stephan Sigg, Echt Zeit. Neue Gebete für junge Menschen, Verlag Tyrolia, Innsbruck 2012

S. 53: Karl Rahner, © Zentraleuropäische Provinz der Jesuiten

S. 56: Jörg Zink, Nr. 11,1 aus Gotteslob, Katholisches Gebet- und Gesangbuch, © 2013 Verlag Herder GmbH, Freiburg i. Br.

S. 61: Martin Gutl, Ich bin bei dir. Styria-Verlag, Graz, Wien, Köln, 2001, © Karl Mittlinger

S. 64: Gottfried Bachl, Mailuft und Eisgang, Verlag Tyrolia, Innsbruck 1998

S. 66: Reinhold Stecher, aus: herz.jesu.2021, Gedanken und Impulse für eine zeitgemäße Herz-Jesu-Verehrung und eine Kultur der Herzlichkeit, Bischof-Stecher-Verein, Innsbruck 2021

S. 67: © Peter Jungmann

S. 72: Frere Roger, Taizé © Ateliers et Presses de Taizé, 71250, Frankreich

S. 73: Martin Gutl, Ich bin bei dir. Styria-Verlag, Graz, Wien, Köln, 2001, © Karl Mittlinger

S. 74: Lothar Zenetti, Auf Seiner Spur. Texte gläubiger Zuversicht © Matthias Grünewald Verlag. Verlagsgruppe Patmos in der Schwabenverlag AG, Ostfildern 2011. www.verlagsgruppe-patmos.de

S. 75: Wilhelm Bruners, Am Rande des Tages. Gedichte, Verlag Tyrolia, Innsbruck 2020

S. 79: Karl Rahner, © Zentraleuropäische Provinz der Jesuiten

S. 81: Antje Sabine Naegeli, Die Nacht ist voller Sterne, Verlag Herder GmbH, Freiburg i. Br., 2013, © Rechte bei der Autorin

S. 82: Breitenbach, Roland: Mein Wort in Gottes Ohr. Neue Psalmengebete. Verlag Katholisches Bibelwerk GmbH, Stuttgart 2014

S. 83: Wilhelm Bruners, BEI ZEITEN, Gedichte und Kurzgeschichten, Verlag Tyrolia, Innsbruck 2023

S. 84: Ana Schoretits, aushalten. Gedichte und spirituelle Annäherungen an Gott, Verlag Tyrolia, Innsbruck 2019

S. 85: © Otto Neubauer

S. 87: Stephen Langton, Ü: Maria Luise Thurmair u. Markus Jenny, Nr.344 aus Gotteslob, Katholisches Gebet- und Gesangbuch, © 2013 Verlag Herder GmbH, Freiburg i. Br.

S. 89: Dorothee Sölle, Loben ohne lügen. Gedichte, S. 10 © Wolfgang Fietkau Verlag, 2000

S. 90: Henri J. M. Nouwen, Mit offenen Händen © 2001 Verlag Herder GmbH, Freiburg i. Br.

S. 91: © Siljarosa Schletterer

S. 95: © Katholische Akademie in Bayern, Romano Guardini, Theologische Gebete, 12. Aufl. 2021, S. 20, Verlagsgemeinschaft Matthias Grünewald, Ostfildern / Brill / Ferdinand Schöningh, Paderborn

S. 98: Gottfried Bachl, feuer wasser luft erde, neue psalmen, Verlag Tyrolia, Innsbruck 2011

S. 99: Wilhelm Bruners, Am Rande des Tages. Gedichte, Verlag Tyrolia, Innsbruck 2020

S. 99: The writings of Mother Teresa of Calcutta © by the Mother Teresa Center, exclusive licensee throughout the world of the Missionaries of Charity for the works of Mother Teresa. Used with permission

S. 102: Silja Walter, Gesamtausgabe Band 10, © 2005 Verlag Herder GmbH, Freiburg i. Br.

S. 104: Gertrud von Le Fort, Hymnen an die Kirche, hg. von Gundula Harand, © Echter Verlag, Würzburg 2014, S. 17

S. 104: Martin Gutl, In vielen Herzen verankert. Seine schönsten Texte, Styria-Verlag, Graz, Wien, Köln, 2020, © Karl Mittlinger

Wo die Liebe wohnt. Gottesdienst und Segensfeiern für Paare. Schwabenverlag AG. Ostfildern 2005, © bei der Autorin

S. 176: Antje Sabine Naegeli, Du hast mein Dunkel geteilt, Verlag Herder GmbH, Freiburg i. Br., 2014 (3. Auflage), © bei der Autorin;

S. 178: Huub Oosterhuis, (Auszug), Nr. 422, Ü: Lothar Zenetti, aus Gotteslob, Katholisches Gebet- und Gesangbuch, © 2013 Verlag Herder GmbH, Freiburg i. Br.

S. 179: Ida Lamp, Trost in Zeiten der Trauer, Topos Taschenbuch 45, © 2018 Butzon & Bercker GmbH, Kevelaer, www.bube.de

S. 181: © Jakob und Barbara Kabas

S. 182: © Hermann Glettler

S. 183: Maria Radziwon, zwischen den zeilen, Gedanken, Gebete, Gott-Gespräche, Verlag Tyrolia, Innsbruck 2018

S. 187: Kathi Stimmer-Salzeder, © Musik und Wort, Aschau am Inn

S. 189: Stephan Sigg, Echt Zeit. Neue Gebete für junge Menschen, Verlag Tyrolia, Innsbruck 2012

S. 190: Mathias Jeschke, aus: Kathrin Wexberg (Hg.), Immer mal wieder zum Himmel schauen. Gebete für Kinder mit Bildern von Michael Rohrer, Verlag Tyrolia, Innsbruck 2023

S. 192: Lena Raubaum, aus: Kathrin Wexberg (Hg.), Immer mal wieder zum Himmel schauen. Gebete für Kinder mit Bildern von Michael Rohrer, Verlag Tyrolia, Innsbruck 2023

S. 193: Lene Mayr-Skumanz, aus: Kathrin Wexberg (Hg.), Immer mal wieder zum Himmel schau-en. Gebete für Kinder mit Bildern von Michael Rohrer, Verlag Tyrolia, Innsbruck 2023, © bei der Autorin

S. 194: Stephan Sigg, Echt Zeit. Neue Gebete für junge Menschen, Tyrolia, Innsbruck 2012

S. 194: Gerald Gump, aus: Kathrin Wexberg (Hg.), Immer mal wieder zum Himmel schauen. Gebete für Kinder mit Bildern von Michael Rohrer, Verlag Tyrolia, Innsbruck 2023

S. 195: © Gerhard Schöne. CD Der Engel, der die Träume macht, BuschFunk Musikverlag GmbH

S. 196: © Christian Haidinger

S. 198: © Katharina Jordan

S. 199: © Peter Dyckhoff

S. 210: © Hermann Glettler, Katharina Kiechl

S. 216: Marie Noel, Erfahrungen mit Gott, Matthias-Grünewald-Verlag, Mainz 1980

S. 217: Gottfried Bachl, Mailuft und Eisgang, Verlag Tyrolia, Innsbruck 1998

S. 220: Wilhelm Bruners, Niemandsland Gott, Gedichte und Meditationen, Verlag Tyrolia, Innsbruck 2015

S. 221: Raoul Follereau, Liselotte Härtl, Revolution der Nächsten-
liebe, © 1968 Verlag Herder GmbH, Freiburg i. Br.

S. 222: Andrea Schwarz, Du Gott des Weges segne uns, © 2020
Verlag Herder GmbH, Freiburg i. Br.

S. 223: Nelly Sachs, Werke. Kommentierte Ausgabe in vier Bänden,
Suhrkamp, Frankfurt a. M. 2010

S. 224: Andrea Schwarz, Du Gott des Weges segne uns, © 2020
Verlag Herder GmbH, Freiburg i. Br.

S. 226: Etty Hillesum, Das denkende Herz. Die Tagebücher von Etty
Hillesum 1941–1943. Hg. u. eingeleitet von J. G. Gaarlandt. Aus
dem Niederländischen von Maria Csollány. Reinbek 1985,
© 2022 Verlag Herder GmbH, Freiburg i. Br.

S. 227: Stephan Sigg, Echt Zeit. Neue Gebete für junge Menschen,
Verlag Tyrolia, Innsbruck 2012

S. 230: Gottfried Bachl, Mailuft und Eisgang, Verlag Tyrolia,
Innsbruck 1998

S. 236: Corpus Hermeticum I, 31. Übersetzt von Bernhard Lang

S. 240: Etty Hillesum, Das denkende Herz. Die Tagebücher von Etty
Hillesum 1941–1943. Hg. u. eingeleitet von J. G. Gaarlandt. Aus
dem Niederländischen von Maria Csollány. Reinbek 1985,
© 2022 Verlag Herder GmbH, Freiburg i. Br.

S. 241: Dhu'n n-Nun, aus: Annemarie Schimmel, Dein Wille geschehe. Die schönsten islamischen Gebete, Bonndorf im Schwarzwald
© Spohr Publishers Ltd, 1992

S. 242: Al-Halladsch aus: Annemarie Schimmel, Dein Wille geschehe. Die schönsten islamischen Gebete, Bonndorf im Schwarzwald
© Spohr Publishers Ltd, 1992

S. 243: © Abualwafa Mohammed

S. 247: Thich Nhat Hanh, Frei sein, wo immer du bist © Theseus in
Kamphausen Media GmbH, Bielefeld, 2008

Wir danken den Autorinnen und Autoren für die freundliche Geneh-
migung zum Abdruck. Leider war es nicht in allen Fällen möglich, die
Rechtsinhaber zu ermitteln. Wir bitten um Hinweise an den Verlag.
Allfällige Ansprüche werden gerne nachträglich abgegolten.

Hermann Glettler, geb. 1965 in der Steiermark, studierte Theologie und Kunstgeschichte. Er ist Mitglied der Gemeinschaft Emmanuel und wurde 1991 für die Diözese Graz-Seckau zum Priester geweiht. Seit 2017 ist er Bischof von Innsbruck. Glettler ist für seine kulturellen Initiativen und sein Engagement für eine zeitgemäße Spiritualität bekannt. Er setzt sich besonders auch für Geflüchtete und sozial Schwache ein.

Hans Salcher, geb. 1956 in Lienz, Osttirol, ist Landarbeiter, Schriftsteller und Maler. Er engagiert sich seit Jahrzehnten für Friedensinitiativen und soziale Projekte. Seine expressiv-minimalistischen Bilder und Poesien finden internationale Anerkennung. Sie sind Ausdruck scharfsinniger Beobachtung und hoher Sensibilität für das weite Feld des Menschseins.

HÖRGOTT DIREKT AM OHR?

Jetzt auch die Gebets-App testen! Viele Gebete aus diesem Buch sind mit der gleichnamigen App abrufbar. Sie selbst bestimmen die Auswahl, die Stimme, entsprechende Bilder und die musikalische Gestaltung. Die digitale Gebetshilfe ist eine spirituelle Begleitung für zuhause, für unterwegs oder in den Atempausen zwischendurch.

www.hörgott.com

Nachhaltige Produktion ist uns ein Anliegen; wir möchten die Belastung unserer Mitwelt so gering wie möglich halten. Über unsere Druckereien garantieren wir ein hohes Maß an Umweltverträglichkeit: Wir lassen ausschließlich auf FSC®-Papieren aus verantwortungsvollen Quellen drucken und verwenden Farben auf Pflanzenölbasis. Wir produzieren in Österreich und im nahen europäischen Ausland, auf Produktionen in Fernost verzichten wir ganz.

Mitglied der Verlagsgruppe „engagement"

2. Auflage 2024
© 2023 Verlagsanstalt Tyrolia, Innsbruck
Umschlaggestaltung: Tyrolia-Verlag, Innsbruck
Fotonachweise: S. 255 (oben): dibk.at; S. 255 (unten): H. Glettler
Layout und digitale Gestaltung: marinas medien- und werbeagentur gmbh
Druck und Bindung: Florjancic, Maribor
ISBN 978-3-7022-4157-5

E-Mail: buchverlag@tyrolia.at
Internet: www.tyrolia-verlag.at